ANGLIÆ
RESPUB.
Lombart sculpsit
londini

監修者――佐藤次高／木村靖二／岸本美緒

［カバー表写真］
チャールズ1世の処刑（1649年1月）

［カバー裏写真］
3種類のアイルランド人
上から「アイルランドのジェントルマン」「文明をもつアイルランド人」
「未開のアイルランド人」という序列が示されている。
（ジョン・スピードの地図集『グレイト・ブリテン帝国の舞台』〈1616年〉）

［扉写真］
海神ポセイドンと向き合うブリタニア
左側にはイングランドの盾，スコットランドとアイルランドの旗がおかれ，
3国を束ねながら海外進出を企てる複合国家の姿が示唆される。

世界史リブレット115

ピューリタン革命と複合国家

Iwai Jun
岩井　淳

目次

「ピューリタン革命」でいいのか？

「ピューリタン革命」という言葉は、十七世紀中葉のよく知られたできごとを語るとき、今でも説得力をもっているだろうか？ この問いにたいして、多くの論者、とくにイギリス史を研究する人びとは「否」と答えるかもしれない。支配的な流れからみると、この言葉を使って、一六四〇年の長期議会開会（三九頁参照）に始まり、四九年のチャールズ一世▲処刑でピークをむかえる事件を説明するのは難しくなっている。

それにかわって、現在よく目にするのは「イングランド内戦」という言葉である。この言葉は、十七世紀中葉のできごとが過去との断絶を示す「革命」ではないという意味をともないながら、近年、急速に普及した。だが、この本で

▼チャールズ一世（一六〇〇～四九） 初期ステュアート朝最後の君主で、イングランド、スコットランド、アイルランドの王（在位一六二五～四九）。当初、臨時の課税を強行するなど重課税政策を企てたが、議会の反発にあい、一六二八年に「権利の請願」を承認させられた。翌一六二九年から一一年間、議会を開催せず、専制政治をおこなったが、四〇年に議会を召集し、ピューリタン革命をまねいた。一六四二年からは内戦を引き起こし、四九年に処刑された。

は、「イングランド内戦」ではなく、「ピューリタン革命」という言葉を用いて、十七世紀中葉のできごとを説明するという難しい課題に挑戦してみたい。

まず、「ピューリタン革命」の由来から始めよう。「ピューリタン革命」という言葉があらわれ、認知されたのは、せいぜい十九世紀からであった。それ以前は、十七世紀中葉の事件に「大反乱」という用語をあてることが多かった。「ピューリタン革命」は、ホイッグ史家▲と呼ばれるグループによって積極的に用いられ、十七世紀中葉のできごとを十九世紀の政治的・宗教的自由の源流とみなす人びとから高く評価されてきた。それは「大反乱」などではなく、輝かしい「革命」にほかならなかったのである。

この「革命」の発見は、二十世紀中葉になるとマルクス主義史家によって引き継がれた。十七世紀中葉のできごとは、封建制から資本主義への移行を画する「ブルジョア革命▲」であり、「イングランド革命」と呼ばれた。こうして「イングランド革命」は、十八世紀のフランス革命と並んで、「ブルジョア革命」を代表するものとなった。

「ピューリタン革命」や「イングランド革命」という表現は、日本の歴史学

▼ホイッグ史家　十九世紀イングランドにおいて発達した議会制民主主義や自由主義を賞賛する立場をとり、中世から近代にいたるまでのイギリス史をたどることが多い、進歩史観に立脚した歴史家。十九世紀のT・B・マコーリや二十世紀のG・M・トレヴェリアンが、その代表とされる。

▼ブルジョア革命　ブルジョアが封建的諸関係を打破して、自らの政治的・経済的・社会的自由を保障する体制を確立するための革命で、フランス革命が典型とされる。研究史上では「ピューリタン革命」も、その代表とされた。

でも、人口に膾炙《かいしゃ》してきた。明治以来、イギリスやフランスを「近代化の典型」としてあおぎみてきた日本人にとって、封建制からの離脱の鍵を握る「ブルジョア革命」は、学ぶべき宝の山であった。そのさい、日本では、イングランドを意味する、ポルトガル語やオランダ語に由来する「イギリス」という言葉が流布していたこともあり、the English Revolution を「イギリス革命」と訳したことは特筆すべきである。「イギリス」は、最近では「連合王国」全体を意味する傾向にあるけれども、日本において「イギリス革命」研究は、「イングランド革命」研究にとどまっていたのである。

　欧米や日本でみられた、断絶に力点をおく革命研究に一石を投じたのが、二十世紀後半になって英米を中心に登場した動向である。英米の歴史家たちは、「十七世紀中葉のできごとは、はたして近代化の画期となる革命なのか?」という疑問を発しはじめ、その声はしだいに大きくなった。この動向を決定づけたのが、一九七〇年代に始まる修正主義▲という潮流であった。修正主義の歴史家たちは、「革命」にかわって「イングランド内戦」という言葉を好んで用い、精緻な政治史や文化史の研究を世に問うた。いまや十七世紀中葉の事件は、過

▼修正主義　歴史解釈の定説にたいする異論を示す用語で、イギリス史ではホイッグ史学やマルクス主義史学などによって築かれた正統学説にたいして、一九七〇年代からさかんになされた異議申し立てを意味する。もっとも、修正主義は多義的な言葉で、十九世紀後半から二十世紀初頭に、ドイツ社会民主党の主流派にたいして、E・ベルンシュタインらの路線に与えられた呼称であった。最近では、ナチス・ドイツの「ユダヤ人絶滅政策」や日本軍による「南京事件」が実在しないとする説にも「歴史修正主義」の名が付されている。

去との断絶や近代化というニュアンスを失い、国内を二分した戦闘はあったものの、連続性や前近代性によって特徴づけられるようになったのである。

ここまで、「イングランド内戦」という言葉が普及するまでの経緯をたどってきた。しかし、「イングランド内戦」という見方にも欠点があるだろう。それは、政治過程を中心に歴史を詳細に描くが、長期的な視点や国際的な視野に欠けるという点である。もちろん、修正主義の代表的な歴史家たちは、イングランドの内戦開始を説明するにあたり、直前の対スコットランド戦争やアイルランド反乱の役割を強調したが、それは時期的に限定され、イングランドの内戦を説明するのにかぎられた論法であったといってよい。

だが、こうした問題点は、修正主義史家自身によっても自覚され、最近になって一部の歴史家の精力的な努力によって克服されつつある。その代表であるジョン・モリル▲は、イングランド、スコットランド、アイルランドの相互関係から十六・十七世紀にブリテン国家という複合国家体制が出現したことを説き、十七世紀中葉のできごとも、この文脈において、「三王国戦争」、さらには「ブリテン革命」と命名した。「ブリテン革命」という見方は、登場してまもない

▼ジョン・モリル（一九四六〜　）
イングランド北西部に生まれ、オクスフォード大学を卒業し、現在はケンブリッジ大学の教授を務める十七世紀ブリテン史家。当初、十七世紀の地方史研究に従事していたが、一九七〇年代に、コンラッド・ラッセルとともに修正主義の歴史家として著名になり、十七世紀中葉のできごとを「三王国戦争」と命名した。ただし、モリルは、以前から「イングランド革命」という用語を使っており、最近では「ブリテン革命」という呼称も用いている。

ものであるが、イングランド史に傾斜しがちな「イングランド内戦」論に警鐘を鳴らし、これまでにない魅力をもっているだろう。

本書では、イングランド一国史観からの脱却をめざし、十六・十七世紀の歴史をイングランド、スコットランド、アイルランドの三国にウェールズを加えた四国の相互関係からとらえなおし、「ピューリタン革命」を複合国家体制が形成される重要な転換点としてみようと思う。最近の研究を手がかりにして、「ピューリタン革命」をブリテン国家が形成される転機として、「ブリテン革命」とでも呼べるできごととして再検討したいと考えるのである。

そのために、本書が「ピューリタン革命」という言葉を、どのような意味で用いるのか、少し前置きしておこう。この言葉を使って、十九世紀のホイッグ史観にもどることは、もはやできない。「ピューリタン革命」を単純に「近代化の画期」ととらえる見方は、その後の研究動向によって徹底的に批判しつくされたからである。そこで、本書では「ピューリタン革命」を、ひとまず「ピューリタン」と「革命」に分けて、新しい意味合いを考えておきたい。

まず「ピューリタン」であるが、十六・十七世紀の歴史において宗教が大問題であったことはよく知られている。本書では、「ピューリタン」と関連する「プロテスタント」や「反カトリック」という言葉にも目を向け、イングランドのピューリタンだけでなく、ウェールズ、スコットランド、アイルランドの宗教問題をも考察の対象とし、「ピューリタン」にかかわる広義の宗教問題を取り扱うことにしたい。広義の宗教問題は、国制や政治と密接に関連する十六・十七世紀の一大争点であった。

つぎに「革命」であるが、通常、革命は過去との断絶を意味する。しかし、この言葉にフランス革命やロシア革命のイメージを過度に投影するのは適切ではないだろう。「ピューリタン革命」は、十七世紀という宗教色の強い時代の産物とみるべきであろう。この前提に立って、本書では、「ピューリタン革命」において、過去とどのような断絶がみられたかを考えてみたい。

また、日本の研究にみられるメリットにも言及しておこう。前述したように、日本では「イギリス革命」といいながら、「イングランド革命」を主たる研究対象としてきた点で地理的な限界があるものの、時間的にはピューリタン革命から名誉革命までをとおしてとらえることが多く、この点でメリットがある。

オークニ諸島
ウェスタン諸島
ハイランド
スコットランド
ローランド
グラスゴー
エディンバラ
アイルランド
ニューカースル
アルスター
ベルファスト
マン島
ヨーク
ハル
リーズ
コナハト
レンスター
アイリッシュ海
マンチェスター
ダブリン
キルケニ
ノリッジ
コヴェントリ
マンスター
ウェールズ
ケンブリッジ
イプスウィッチ
オクスフォード
コルチェスター
ロンドン
カーディフ
ブリストル
ソールズベリ
カンタベリ
ポーツマス
エクセター
プリマス
ワイト島
イングランド

●—ブリテン諸島の四国

それは、両者を二段階のものと位置づけ、二つの革命の関連性を問うという見方である。こうした見方は、英米の「イングランド内戦」論では、ほとんどみられないが、長期的な視点の一つとして継承すべき論点であろう。

本書は、イングランドだけでなく、それ以外の三国にも目を向け、四国の相互関係を重視し、できるだけ近世の国際関係にも目配りしたいと考える。そのなかで、「ピューリタン」や「プロテスタント」、「反カトリック」といった言葉を手がかりに、宗教問題に注目し、四国の宗教と政治をめぐる問題が、当時、大きな争点となったこと、四国が分立、あるいは自立する状態から、ピューリタン革命を契機にイングランド中心の複合国家体制が形成されたことを解き明かしたい。こうした過程をピューリタン革命の流れとともに追跡し、最後に、名誉革命をへて十八世紀初頭までにプロテスタント主義と議会主権によって主導されるブリテン国家の基盤が築かれたこと、そうした宗教的・政治的体制が十七世紀後半からの社会経済的発展にとって不可欠であったことを展望してみたい。

①―宗教改革と複合国家体制の成立

ラグビーの六カ国対抗戦

二〇〇八年二月二十三日、私は、異様な興奮に包まれたダブリンの街に降り立った。空港から市内に向かう途中、目についたのは、緑色に着飾ったアイルランドのサポーターと紺色を基調にしたスコットランドのサポーターがまじり合った大群衆であった。スコットランド側には、タータンチェックのキルトを身にまとった中年男性も相当数いた。彼らの目的が、この時期開催される「ラグビーの六カ国対抗戦▲」のアイルランド・スコットランド戦であったことは、その日の夜、テレビを見ていて気づいた。結果は、アイルランドの勝利であったが、この土曜の夜には、アイルランド側、スコットランド側を問わず、夜遅くまでパブで、どんちゃん騒ぎがくりひろげられた。私の泊まったホテルの向かいがパブだったので、よく覚えているが、ようやく静けさを取り戻したのは、日曜の朝だった。

それにしても、なぜ「アイルランド・スコットランド戦」なのだろうか？

▼ラグビーの六カ国対抗戦　一八七一年のイングランドとスコットランドの対抗戦が端緒であるが、第一回大会は、アイルランドとウェールズも加え、四カ国対抗戦として八二～八三年に開催された。一九一〇年にフランス、二〇〇〇年にイタリアが加わり、現在は六カ国対抗戦となっている。英文表記は、Six Nations Rugby である。

よく考えてみると少し奇妙である。アイルランド共和国が正式な独立国なのにたいして、スコットランドはイギリスという複合国家の一部にすぎない。アイルランドとイギリス(一七〇七年以後は「連合王国」を意味する)が戦うなら理解できるが、どうして「アイルランド・スコットランド戦」になるのだろうか?

さらにいえば、「六カ国対抗戦」も奇妙な対抗戦である。参加国は、イングランド、スコットランド、ウェールズとアイルランド、フランス、イタリアである。前三者は、現在の正式名称「グレイト・ブリテンおよび北アイルランド連合王国」、つまりイギリスに属する三地域であり、あとの三者は、れっきとした共和国である。現在の国家の格で比べると、決して対等ではない六つが「国として」競い合っているのだ。東アジアでいえば、日本の本州と北海道と四国と九州の各チームに、韓国、中国を加えて、野球の「六カ国対抗戦」をやっているようなものだ。しかも、二〇〇八年三月十五日の試合で優勝を決めたのは、ウェールズである。どうみても正式の独立国ではない小国ウェールズが、この年は首位をぶっちぎりで走り、無傷の五連勝で優勝をはたしたところに、この「六カ国対抗戦」の不思議さとおもしろさを感じる人もいるだろう。

同じような対抗戦は、サッカーにもある。そこでは、イングランド、ウェールズ、スコットランドに北アイルランドやアイルランド共和国を加えて、これまた奇妙な対抗戦が開催されている。

連合王国の歴史と現在

ここで、歴史を遡って考えてみよう。現在のイギリスを構成するイングランド、ウェールズ、スコットランドは、中世以来、それぞれ自立性の強い国だった。ウェールズは一五三六年の合同法によって、スコットランドは一七〇七年の合同法によって、イングランドと統合され、ウェストミンスターの議会に両国の選出議員が参加するようになった。この事態は、一九九九年にスコットランドとウェールズで自治議会が設けられたことによって変化したが、外交や国政の重要問題を議論するため、両国が議員をロンドンに送っている状態は今も変わらない。

アイルランドも、中世以来、自立性の強い国だった。そのうちプロテスタントの優勢な北アイルランドだけが、一九二二年の「アイルランド自由国」成立時に連合王国に残留した。ただ独立前の一八〇一年から一九二二年まで、アイルランド全体が連合王国の一員だったことを忘れてはならない。またフランスには、中世以来、イングランド国王の広大な領土が存在し、そのことがジャンヌ・ダルク▲の活躍で知られる百年戦争▲の大きな原因となった。

つまり、スコットランドやウェールズは、歴史的な流れのなかで、イングランドとともに「連合王国」を構成することになり、アイルランド共和国やフランス共和国は、現在、イギリスとは別の独立国になっているのだ。今は「連合王国」に属する地域であっても、独立国となった地域であっても、北西ヨーロッパのなかで相互に深く関連する歴史を共有してきた。そのように考えると、現在のイングランド、ウェールズ、スコットランドとアイルランド、フランスが同じ土俵で対抗戦をおこない、交流することも、あながち「奇妙」とはいえなくなる。将来はというと、スコットランドやウェールズが、独立国になる可能性だってある。一九九九年に、スコットランドとウェールズで自治議会が設けられたことで、両国の自治は大きく前進した。実際、両国とも独立をめざす国民党が活動している。そうした変化が、現在の欧州連合(EU)の進展にとも

▼**ジャンヌ・ダルク**(一四一二～三一) ロレーヌ地方の農民の娘で、百年戦争後期に活躍した。一四二九年にイングランド軍のオルレアン包囲を突破して、ランスへ進撃し、シャルル七世の戴冠式を実現させた。しかし、一四三〇年にとらえられ、イングランド側に引き渡され、翌年、宗教裁判で異端宣告を受け、火刑に処された。

▼**百年戦争**(一三三七～一四五三年) イングランド王はフランス南西部に領土をもち、血統を理由にフランス王位を要求した。フランス側の諸侯にも同調者がいて、フランス内戦の様相を呈した。前半は、主力軍の決戦とイングランド側の略奪遠征が続いたが、ジャンヌ・ダルクの登場によって戦局が変化した。イングランドによるフランス王位要求は法的に一八〇一年まで続いた。

なう、ヨーロッパの国家構成の急激な変化と連動していることはもちろんである。EUという大きな傘の下にあって、スコットランドやウェールズといった小国が、イングランドという大国に頼らずとも、独自の活路を開く日がくるかもしれない。

しかし、将来の話はさておき、イギリス史において連合王国という複合国家体制が支配的であったのは、まぎれもない事実であろう。それでは、イギリスは、日本などに代表される統合力の強い国民国家と違って、どうして連合王国という形態をとることになったのだろうか。その答えは、歴史のなかに求めることができる。とくに十六世紀から十八世紀にいたる近世と呼ばれる時代に、ブリテン諸島では多民族・多宗教・多文化からなる複合国家が出現した。イングランドがウェールズやスコットランド、アイルランドとさまざまな関係をとりむすび、自らの支配を貫徹することによって、複合国家はできあがってきた。

だが、ウェールズやスコットランド、アイルランドがまったく受身だったかというと、そうではない。各国ともに、固有の事情をかかえ、イングランドと協力したり、対抗したり、敵対しながら、したたかな生き残り戦術を編み出し

てきた。各国は、それぞれの個性を発揮し、今日まで存続してきたといっていいだろう。そうした各国間のせめぎあいのなかで、十六世紀に始まりピューリタン革命にいたる時代は、非常に重要な位置を占めている。では、十六世紀までの各国の状況や十六世紀から本格化した各国間の攻防は、どのようなものだったろうか？

十六世紀までの三国

まず、十六世紀までのウェールズ、アイルランド、スコットランドを概観しておこう。舞台を中世まで遡らせると、十三世紀ころのウェールズでは、小部族間の抗争が続いていた。そこでは、ウェールズ法やウェールズ語を共有し、イングランド人とは区別できるウェールズ人が存在していた。このころウェールズ支配の頂点に立ったのが、ルウェリン・アプ・グリフィズ▲で、彼は自ら「ウェールズ大公」と名乗った。イングランド王ヘンリ三世▲も、一二六七年にこれを認め、ウェールズは王国でなく大公国として成立した。しかし大公は、一二七七年にイングランド王エドワード一世▲に敗れ、ウェールズ人の手から大

▼ルウェリン・アプ・グリフィズ（?〜一二八二）　グウィネッズ王家の出身で、グウィネッズ公（在位一二四六〜八二）となり、一二五八年から「ウェールズ大公」と自称した。この名称を、一二六七年、イングランド王ヘンリ三世も追認し、全ウェールズの支配者として認められた。

▼ヘンリ三世（一二〇七〜七二）　プランタジネット朝のイングランド王（在位一二一六〜七二）。フランスのガスコーニュ遠征の失敗などにより、貴族の反抗をまねいた。

▼エドワード一世（一二三九〜一三〇七）　プランタジネット朝のイングランド王（在位一二七二〜一三〇七）。皇太子時代に貴族の反乱を鎮圧し、即位後は封建法を整備し、王権を伸張する法令を発布した。ウェールズとスコットランドに侵攻し、ヨーロッパ大陸の領土回復をめざして戦った。

公の名称は奪われた。大公国の支配者はイングランド皇太子となり、ウェールズの従属化が始まったのである。

つぎにアイルランドに移ろう。イングランドによるアイルランド支配の端緒は、ローマ教皇ハドリアヌス四世▲が、一一五四年、イングランド王ヘンリ二世▲に与えた教皇文書にある。この文書で、教皇はヘンリ二世にアイルランド領有を認め、イングランド王はアイルランド太守をかねることになった。当時、アイルランドでは、東北部のアルスター、東部のレンスター、西部のコナハト、南部のマンスターに、それぞれ王が存在していた。このうち追放されたレンスター王が、ヘンリ二世に助力を求めたところから、イングランドの軍事侵攻が開始された。求めに応じたウェールズ南部の領主たちによりアイルランド遠征がなされ、イングランド人の入植も始まった。しかし、イングランド人はゲール系氏族▲の抵抗にあい、とても全島を支配することはできなかった。入植したイングランド人の一部は、イングランド系大領主の配下となったり、ゲール系の人びとと協力することすらあった。

スコットランドは、北部のハイランドと南部のローランドに区別することが

▼ハドリアヌス四世（一一〇〇?～五九）　ローマ教皇（在位一一五四～五九）。

▼ヘンリ二世（一一三三～八九）　プランタジネット朝初代のイングランド王（在位一一五四～八九）。相続地のアンジューを含めフランス西部を支配し、イングランドを平定し、ウェールズやアイルランドへも勢力を拡大した。

▼ゲール系氏族　アイルランドにおけるケルト系ゲール人の親族集団で、ゲール語を話し、カトリックを信奉するものが多い。

できる。スコットランドの統一王国は、早くも九世紀にあらわれ、しだいに拠点をハイランドからローランドに移していった。しかし、十三世紀末、スコットランド側の王位断絶に乗じて、イングランド王エドワード一世が、ウェールズと同じくスコットランドを従属下におこうと遠征した。エドワードの支配にたいして、スコットランド側は、ウィリアム・ウォリス▲やロバート・ブルース▲を中心に果敢に戦い、一連の独立戦争の結果、十四世紀初めには統治権を回復することができた。これ以後も、イングランドによる介入は続くが、スコットランドは十三世紀末からフランスと「古き同盟」を結び、提携した。スコットランドにとって、敵の敵は味方ということで、イングランドと百年戦争を戦うフランスは、ほかにないパートナーとなった。

十六世紀イングランドの集権化と宗教改革

十六世紀になると、こうした状況は大きく変化した。ヘンリ七世▲によって開始されたイングランドのテューダー朝は、貴族の権力を縮小し、王権の強化をめざして、絶対王政を樹立したといわれる。ただイングランドの絶対王政は、

▼ウィリアム・ウォリス（一二七〇?～一三〇五）　イングランド王エドワード一世によるスコットランド侵攻にたいして、一二九七年のスターリング・ブリッジの戦いで勝利をおさめたが、翌年のフォルカークの戦いで敗れ、一三〇五年に処刑された。

▼ロバート・ブルース（一二七四～一三二九）　スコットランド王ロバート一世（在位一三〇六～二九）。当初、イングランド王エドワード一世に従っていたが、ウォリス率いるスコットランド独立戦争に参加し、一三〇六年に戴冠した。一三一四年のバノックバーンの戦いに勝利し、スコットランド独立を不動のものとした。

▼ヘンリ七世（一四五七～一五〇九）　テューダー朝初代のイングランド王（在位一四八五～一五〇九）。ウェールズ出身で、リチャード三世をボズワースの戦いで破って即位した。

常備軍や官僚制を充分に整備することができず、議会の同意をえながら政治をおこなったので、典型的な絶対王政ではなかった。ヘンリ八世▲は、一五三〇年代にトマス・クロムウェル▲を登用して、統治機構の改革に着手した。一五三六年ころには、従来の国王評議会に加えて、行政機関として法律や実務に通じた有能な二〇名ほどの議官からなる枢密院が発足した。一五四〇年ころには、枢密院から司法機能を区分して、独自の書記と記録を備えた星室庁裁判所(三三頁参照)が設けられた。国王の目は周辺部にも向けられ、一五三四年にウェールズ辺境評議会、三七年に北部評議会が設置され、ウェールズと北イングランドへ王権の浸透をはかった。これらは、あとで述べるように、ウェールズとの合同やアイルランドの改革に連なるものであった。

　政治の集権化と並んで、テューダー朝において特筆すべきは、宗教改革である。一五三四年、ヘンリ八世の公布した国王至上法によって国教会▲は成立した。これによってイングランドはカトリック教会の傘下から脱し、宗教改革が開始された。エドワード六世治下には、国教会の教義のプロテスタント化が進められた。一五四九年には、礼拝様式を規定した一般祈禱書が定められ、五二年に

▼ヘンリ八世(一四九一〜一五四七)　テューダー朝のイングランド王(在位一五〇九〜四七)。ヘンリ七世の次男。当初、枢機卿ウルジーを登用したが、その失脚後はトマス・クロムウェルを用いて、統治機構の改革をおこなった。離婚問題で教皇と衝突し、議会と協力して国王至上法を制定し、イングランド国教会を誕生させた。さらに国内の修道院を解散して、その土地を没収した。

▼トマス・クロムウェル(一四八五?〜一五四〇)　ヘンリ八世に登用され、一五三〇年代にさまざまな統治機構の改革をおこなった。

▼国教会　宗教改革によって成立したイングランドの教会。日本では、聖公会と呼ぶ。ヘンリ八世の離婚問題を契機に、一五三四年の国王至上法によって成立した。つぎのエドワード六世期には、カルヴァン主義を取り入れるなど、教義のプロテスタント化が進められた。メアリ一世時代には、カトリックに復帰するが、エリザベス一世期には、一五五九年に国王至上法が再公布され、国教会は確立した。

は、その改訂版が作成された。だが、一五五三年に即位したメアリ一世▲は、スペイン王子フェリペ（のちのフェリペ二世▲）と結婚し、カトリックをふたたびイングランドに持ち込むなど、政情はなお不安定だった。

　混乱にピリオドを打ち、一応の安定をもたらしたのは、一五五八年に即位したエリザベス一世▲だった。女王は、即位の翌年、議会制定法のかたちをとって、国王至上法と礼拝統一法を制定し、イングランド国教会を確立させた。メアリ時代に約八〇〇人のプロテスタントが大陸ヨーロッパに亡命したが、彼らの多くは、エリザベスの即位後、母国に帰国した。彼らは「ピューリタン」と呼ばれ、国教会からカトリックの残滓《ざんし》を一掃し、宗教改革を徹底するように求めた。ただ、エリザベス期のピューリタンは、自由に活動していたのではなく、大半は国教会と協調しながら信仰生活を送った。一五八〇年ころには、教会裁判所として高等宗務官裁判所（一三三頁参照）が発足し、宗教的に従わない者を投獄する権限も与えられた。しかし、エリザベスの治世も後半になると、ピューリタンの影響に加えて、一五八八年のアルマダ戦争▲の恐怖感もあって、カトリックの教えやカトリック国を敵視する反カトリック主義が広範に普及した。

▼メアリ一世（一五一六〜五八）　テューダー朝のイングランド女王（在位一五五三〜五八）。ヘンリ八世の娘で、イングランド史上最初の女王となった。即位後、多くのプロテスタント指導者を処刑した。

▼フェリペ二世（一五二七〜九八）　スペイン王（在位一五五六〜九八）。一五五四年にイングランド女王メアリと結婚。即位後、父カール五世からスペイン、ナポリ、アメリカ大陸、ネーデルラント、シチリアなどの広大な領土を継承し、一五八〇年にはポルトガルを併合した。しかし、一五八八年にアルマダ戦争で敗れ、財政的にも破綻し、スペイン衰退の要因を形成した。

▼エリザベス一世（一五三三〜一六〇三）　テューダー朝最後のイングランド女王（在位一五五八〜一六〇三）。ヘンリ八世の娘で、姉のメアリ一世の死去により即位した。治世後半では、オランダ独立戦争を援助して、スペインと対立し、一五八八年にアルマダ戦争をおこない、勝利した。

イングランドとウェールズの合同

こうしたイングランドの集権化と宗教改革の波は、間髪をいれず、周辺の国々にも波及することになった。最初に巻き込まれたのは、ウェールズである。ヘンリ八世は、ウェールズ辺境評議会の設置に続いて、一五三六年、イングランドとウェールズの合同に着手した。この合同によって、従来のウェールズ法は廃止され、イングランドと同じ州制度が導入され、ウェールズの法と政治は急速に変容する。ウェールズ語は公用語としての地位を失い、法廷ではウェールズ語の使用が禁止された。英語教育も積極的に導入されるようになる。ただ、ウェールズ語じたいがすぐに衰退することはなく、一五六七年には、宗教改革にともなって新約聖書と一般祈禱書のウェールズ語訳が、八八年には、旧約聖書を含む聖書全体のウェールズ語訳という事業が成しとげられた。十七世紀初めには約二九万人と推計されるウェールズの住人のほとんどが、ウェールズ語を用いていたという事実は見のがせないものである。

法や政治のイングランド化とともに、力をつけてきたのがジェントリ▲である。

▼アルマダ戦争　フェリペ二世時代のスペイン艦隊は「アルマダ」と呼ばれたが、一五八八年にイングランド侵攻を企て、カレー沖でイングランド海軍に敗れた。

▼ジェントリ　近世からイングランドやウェールズの支配層を構成した人びと。身分的には平民だが、家紋の使用を許された。地方では治安判事などの要職につき、庶民院議員に選ばれ、中央の政界にも進出した。経済的には地主として地域住民の保護に努め、土地経営、植民活動、商業、製造業などに従事した。

ウィリアム・モーガンが翻訳したウェールズ語訳聖書（一五八八年）

同じころ、イングランドでも「ジェントリの勃興」といわれる現象が進んでいたが、ジェントリは、近世のウェールズを理解する鍵を握るといっていいほど重要な階層であった。彼らは、イングランドの場合と同じく、治安判事職などについて地方の有力者として活躍するだけでなく、州や自治都市を基盤として庶民院▲議員に選出されることもあり、中央の政界に進出した。もちろん、彼らの勃興を支えていたのは、ヘンリ八世の宗教改革にともなう修道院領の解散などを契機とした土地集積である。彼らは、土地を自由土地保有農や小作人に賃貸したり、産業に投資したりして利益をあげ、急速に経済力をつけてきた。

イングランドでは、十五世紀の末にヘンリ七世が即位して、新たにテューダー朝が誕生する。この王家がウェールズ出身だったこともあって、ウェールズ・ジェントリの大半は、テューダー朝に忠誠を誓い、十六・十七世紀に進展したウェールズのイングランド化を担うことになる。彼らは、子弟をオクスフォード大学▲やケンブリッジ大学▲に送り込むように努め、教育や文化の面でもイングランド化を推進した。十六世紀のイングランドで開花したルネサンス文化も、彼らによってウェールズに導入された。

▼庶民院　イングランド議会の下院で、一二六四年から全国各地の代表が集まった。十四世紀から各州と特権都市に定員が割り当てられ、十七世紀には、各州二名（ウェールズでは一名）、特権都市では一名か二名（ロンドンは四名）の代表が選ばれるようになる。庶民院の総定数は、イングランド三九州とウェールズ一二州をあわせ、五〇七名だった。

▼オクスフォード大学　イングランド最古の大学で、十三世紀に最初のカレッジが設立された。中世には神学研究の、十六世紀にはルネサンス文化の中心地であったが、ピューリタン革命期には国王派の牙城となった。

▼ケンブリッジ大学　オクスフォード大学につぐイングランド最古の大学で、十三世紀に最初のカレッジが設立された。十六世紀以来、宗教改革運動の中心地となり、多数のピューリタン聖職者を輩出し、革命期には議会派を支持した。

けれども、ウェールズでは、一面的にイングランド化が進行した訳ではない。この点は注意すべきである。とくにウェールズのジェントリは、血統の意義を重視し、中世以来の血縁集団グウェリ▲にまで遡って、自らの地位や血統の正統性を示そうとした。彼らは、自らの血統の正統性を立証するため、しばしばバード（吟唱詩人）を活用した。バードは、ウェールズ社会において名誉ある発言者として伝統的に尊重されており、わけても吟唱詩人大会であるアイステッズヴォッド▲で認められたバードには、名誉ある地位が与えられた。十六世紀のジェントリの多くは、ウェールズの民衆文化に根づいたバードを庇護して尊重した。そのことによって彼らは、衰退に瀕したウェールズの伝統文化の擁護者として民衆から支持を集めることができた。他方で、バードたちは、ジェントリのために彼らの由緒正しい血筋を詩に託して歌い上げた。ジェントリのなかには、素性のあやしい者や成り上がり者がたくさんいたので、彼らは「由緒正しい」血統を、ときにはバードたちを「買収」までして、捏造《ねつぞう》する必要があった。このようにウェールズのジェントリとバードは、おたがいにもちつもたれつの相互依存関係にあったのである。

▼グウェリ　共通の曾祖父をもつ子孫からなる、ウェールズ法に定められた血縁集団で、男子の相続資格者のあいだで土地を均等に再分配・相続する点に特色がある。

▼アイステッズヴォッド　ウェールズのバードたちが集まる吟唱詩人大会で、ウェールズ語でなされた。

こうした関係は十七世紀の前半まで続いたようである。その時期までウェールズ社会は、法や政治、経済といった面で急速にイングランド化が進んだ。しかし、人びとの意識の面では、そうはいかず、ウェールズ独自の文化が、ウェールズ語やバードとともに維持されていた。ジェントリという強力な支持者をえることによって、むしろそれらは強化されたともいえる。近世のウェールズ社会は、法や政治、経済という側面でイングランド化が進む反面、意識や文化という側面で伝統的な要素を色濃く残すという二重の構造をもっていた。

十六世紀のアイルランドとスコットランド

アイルランドでは、一五四一年の王国昇格法によって、イングランド王がアイルランド王をかねることになった。アイルランドは正式に王国となったのである。このころからイングランドは、アイルランド「改革」という名目で、集権化と宗教改革を浸透させるために、政治的・宗教的改革に着手した。政治改革では、ウェールズや北イングランドと同様に、アイルランドのコナハトとマンスターに地方評議会が設置された。これにより、ゲール系の有力族長やイングランド系の大領主の力を削減しようと試みたものの、充分な効果をあげることはできず、むしろ反発をまねくことになった。同様に宗教改革も、うまく浸透しなかった。アイルランドでも、ウェールズと同じく国教会を導入しようとしたが、カトリックの抵抗は予想以上であり、宗教改革を定着させることはできなかった。それどころか、これらの改革は逆にゲール系氏族の結束をまねくことになり、一五七〇年代にはマンスターで、九〇年代にはアルスターで大規模な反乱を引きおこすことになった。さらに注目すべきは、ゲール系氏族はスペインや教皇に救援を要請し、イエズス会士▲の一団が派遣され、アイルランドがカトリックによる対抗宗教改革の拠点となったことである。いまやアイルランドは、イングランドを再カトリック化するための基地となったのである。

最後に、スコットランドにふれておこう。十六世紀の後半、スコットランドでも、集権化と宗教改革が進行した。しかし、そこに到達するまで、スコットランドは多くの代償を支払わなければならなかった。スコットランド国王ジェイムズ四世▲は、イングランド王ヘンリ八世と対立し戦争となり、一五一三年、フロッドンの戦いで大敗し、自らも命を落とした。つぎのジェイムズ五世▲

▼イエズス会士　イグナティウス・ロヨラによって一五三四年に創設された、カトリック教会最大の修道会の会士。一五四〇年に教皇によって認可され、対抗宗教改革の旗手となった。スペインでは、歴代国王の聴罪師として政治的影響力をもった。彼らは各地に派遣され、一時期、アイルランドは対抗宗教改革の拠点となった。

▼ジェイムズ四世（一四七三〜一五一三）　スコットランド王（在位一四八八〜一五一三）。内政では、のちの枢密院の原型となる諮問会を用いて、集権化に努めた。しかし、イングランド王ヘンリ八世と対立して戦争となり、落命した。

▼ジェイムズ五世（一五一二〜四二）　スコットランド王（在位一五一三〜四二）。幼少期を有力貴族間の抗争のなかで過ごし、一五二八年にようやく実権を握った。フランスとの同盟を強化し、ヘンリ八世との戦争に備えたが、一五四二年のソルウェイ・モスの戦いで大敗を喫した。

は、フランスとの同盟を強化し、ヘンリ八世との戦争に備えたが、一五四二年、ふたたび大敗を喫した。スコットランドでは、生後一週間の王女メアリ・ステュアート▲が王位を継承したが、この国家的危機のなかで、ジョン・ノックス▲に指導されたプロテスタントたちが、しだいに勢力を伸ばしていた。ついに一五五九年から、メアリと結んだカトリック派と貴族を中心としたプロテスタント派の戦争が始まった。このとき、前者を支持したのがフランスで、後者を支援したのがイングランドだった。結局勝利したのは、プロテスタント派であり、それはフランスとの同盟解消、イングランドとの新たな同盟関係を意味した。プロテスタント派はメアリを追放し、十六世紀後半に宗教改革を進め、スコットランドに長老教会体制を樹立したのである。長老教会は、牧師と、一般信徒から選ばれた長老から構成される長老会を基軸とした教会組織をめざした。スコットランドでは、イングランドの援助をあおいだけれども、独自の宗教改革と国家建設が進展したことに留意すべきである。

　以上のように十六世紀中に、イングランド王権が中心になって、ウェールズやアイルランドを統治するシステム、つまり複合国家体制が出現した。この時

▼メアリ・ステュアート（一五四二～八七）　スコットランド女王（在位一五四二～六七）。父ジェイムズ五世の急死により幼児で即位。一五四八年、渡仏し、フランス皇太子フランソワと結婚するが、夫の死後、スコットランドに帰国。ダーンリ卿と再婚しイングランド王位継承権を主張するが、夫爆殺の醜聞を理由に王位を追われ、イングランドに逃亡する。エリザベス一世によって一九年間幽閉されたのち、処刑された。

▼ジョン・ノックス（一五一四?～七二）　スコットランドの宗教改革者。イングランドで聖職者を務めたが、メアリ一世の時代に亡命し、ジュネーヴでカルヴァンの影響を受けた。一五五九年、スコットランドに帰国し、宗教改革の指導者となり、プロテスタント体制を樹立した。

●——メアリ・ステュアートとジョン・ノックスの論争

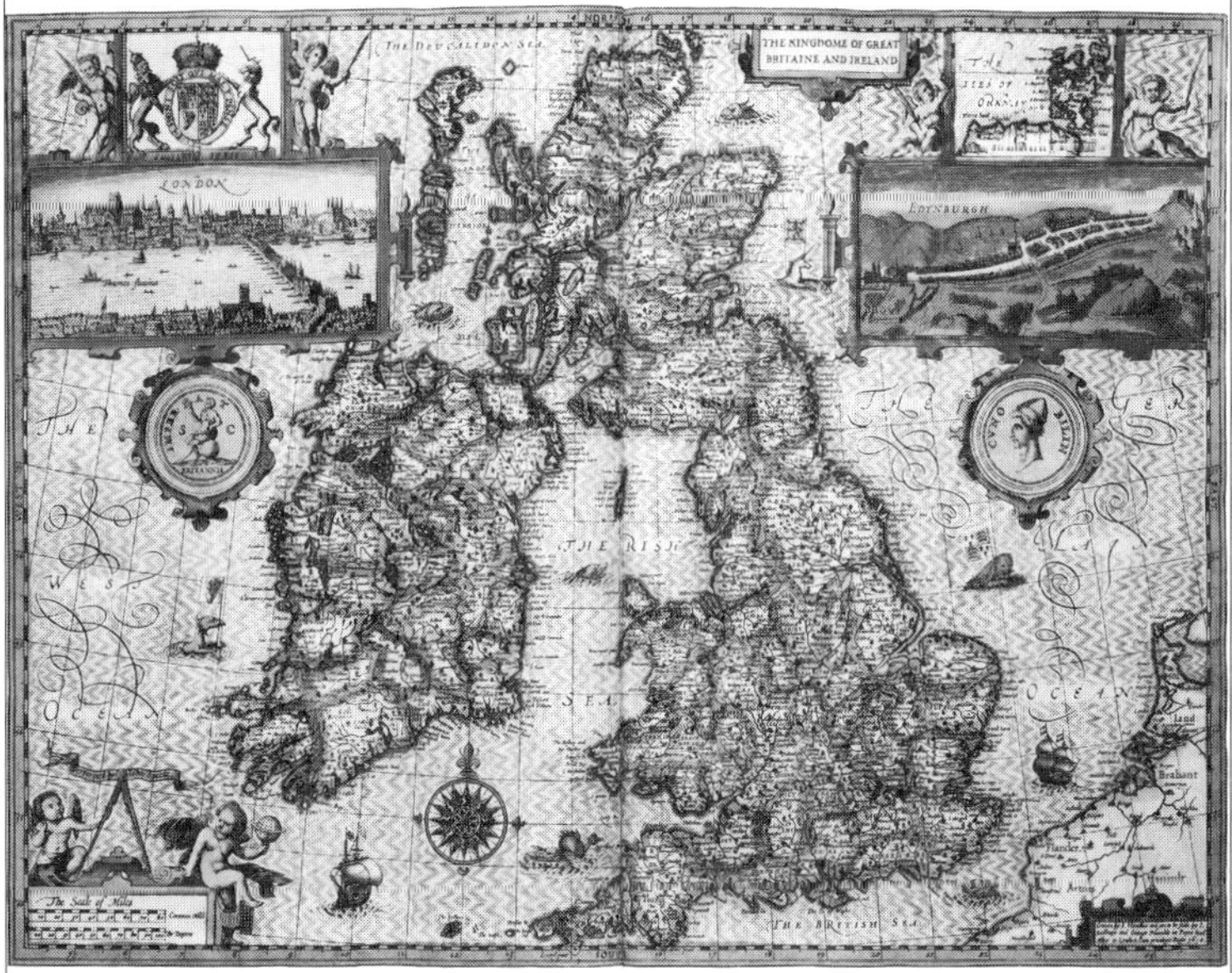

●——グレイト・ブリテンとアイルランドの王国　ジョン・スピードの地図集『グレイト・ブリテン帝国の舞台』(一六一六年)に描かれた一枚で、左上にロンドン、右上にエディンバラの図が掲げられている。近世の「グレイト・ブリテン」が二つの首都をもつ「複合国家」であることがわかる。

点で、イングランドとウェールズは統合力をまし、アイルランドは、実質はともあれ、形式上では複合国家の構成員となった。スコットランドは、宗教改革によってイングランドと同じくプロテスタントを奉じるという共通点をもつにいたったが、イングランドと異なる国王と議会をいただき、複合国家の構成員になる可能性をもつにとどまっていた。十六世紀中葉以降のブリテン諸島には、イングランドとスコットランドに二人の国王、アイルランドを加えて三つの議会、ウェールズを除いて三つの王国が存在しており、イングランドを中心に、それらを束ねようとする複合国家体制が出現したということができる。それぞれの人口規模（十七世初めの概数で、イングランドに四一一万、ウェールズに二九万、アイルランドに一四〇万、スコットランドに八〇万、ブリテン諸島全体で六六〇万の人びとが居住）を考えると、決してイングランドだけでブリテン諸島史を語れないことがわかるだろう。

②—初期ステュアート期の複合国家体制の危機

複合国家と十七世紀の危機

　複合国家体制とは、ある国の主権者（君主など）が、法的・政治的・文化的に異なる複数の国家を同時に支配する体制である。こうした体制は、ブリテン諸島にかぎらず、中世から近世のヨーロッパで幅広くみられた。例えば、十四世紀末にあいついで成立した東欧のリトアニア・ポーランド連合国家▲と北欧のデンマークを中心にしたカルマル同盟▲が、そうであった。また十五世紀末から、カスティーリャを中心にしたスペイン王国が複合国家体制をとっていた。東欧と北欧の複合国家は、十六世紀に衰退・解体したが、ブリテン諸島とスペインの国家は、十六世紀に成長し、十七世紀に大きな転機をむかえることになった。

　一般にヨーロッパ各国は、十七世紀に危機の時代をむかえたといわれる。この時代のヨーロッパは、ルネサンスや大航海にいろどられた前世紀までとは対照的に、未曾有《みぞう》の異常気象におそわれた。各地で不作や飢饉が間断なく続き、局地的な暴動・一揆や大規模な反乱・戦争が頻発するという事態にみまわれた。

▼リトアニア・ポーランド連合国家（一三八六〜一五七二）　リトアニア大公ヤギェウォとポーランド王国ピアスト朝のヤドヴィガの結婚により成立した、ヤギェウォ朝の国家。

▼カルマル同盟　一三九七年、スウェーデン南部のカルマルで成立した北欧三国デンマーク、スウェーデン、ノルウェーの同盟で、一五二三年まで存続した。

十六世紀中葉のヨーロッパ

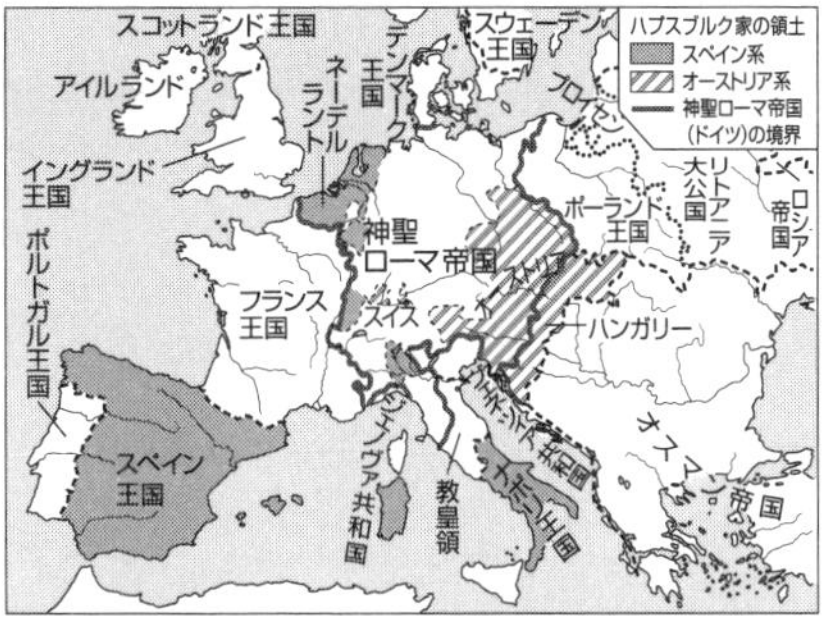

ヨーロッパ各国は、「十七世紀の全般的危機」と呼ばれる試練をくぐり抜ける必要に迫られたのである。

十六世紀に複合国家の体制を整えつつあったイングランドも例外ではなく、さまざまな危機と遭遇することになる。それは、スペインのネーデルラント攻撃に端を発するヨーロッパ規模での経済不況であり、三十年戦争▲に起因する国際的な緊張状態でもあった。国内では、絶対王政による政治的・宗教的弾圧であり、形成途上にある複合国家の解体の危機でもあった。ピューリタン革命の前夜に、イングランドを中心とする複合国家は、どのような危機に追い込まれたのであろうか。

ジェイムズ一世とブリテン統合

一六〇三年、エリザベス女王死去の報を受けて、スコットランド王ジェイムズ六世が、イングランド王ジェイムズ一世▲として即位した。これによってイングランドとスコットランドは、別々の議会をもちながら同じ国王によって統治される「同君連合」となり、一六四九年まで続く初期ステュアート朝が開始さ

▼三十年戦争(一六一八〜四八年)　一六一八年、プロテスタントが多数を占めるボヘミアで起きた反乱を契機に始まり、神聖ローマ帝国全土に広がり、やがてヨーロッパ諸国を巻き込んでいった戦争。当初は、カトリック対プロテスタントの宗教戦争であったが、一六三五年にカトリック国のフランスが皇帝とスペインに宣戦布告するなど、しだいに戦争の大義が失われた。一六四八年のウェストファリア条約によって終結した。

▼ジェイムズ一世(一五六六〜一六二五)　メアリ・ステュアートの子で、イングランド、スコットランド、アイルランドの王。一歳にしてスコットランド王ジェイムズ六世として即位(在位一五六七〜一六二五)。摂政による統治をへて、一五八四年から親政に乗り出す。一六〇三年、エリザベス一世の死後、イングランド王ジェイムズ一世となった(在位一六〇三〜二五)。国教会体制を承認し、王権神授説を奉じて、ピューリタンや議会と対立した。聖書の改訳を命じ、一六一一年に『欽定訳聖書』を完成させた。

▼恣意的課税　国王大権によってなされた、議会の同意をえない課税。トン税・ポンド税(三四頁参照)や騎士強制金(三四頁参照)、船舶税などが、これにあたる。元議員やピューリタンの反発をまねき、長期議会によって廃止された。

ジェイムズ一世の紋章と国王旗
右上がスコットランドを、左下がアイルランドを示す。

れた。同君連合によって、イングランドとスコットランドに分かれていた王権が一元化され、ブリテン諸島における複合国家の形成は、一気に前進するかのようにみえた。実際、ジェイムズ一世の公式紋章は、エリザベス一世のものと比べると、イングランドとスコットランドとアイルランドを四分画のなかにおさめており、統合への前向きな姿勢を伝える。しかし、この王朝の歩む道は決して平坦ではなく、王権と議会との政治的対立、国教会によるピューリタン弾圧、国王の恣意《しい》的課税▲にたいする議会の反発、そしてスコットランドとアイルランドにたいする王権と国教会方式の強制などによって特徴づけられ、ピューリタン革命を引き起こす諸要因が醸成されていった。

　ジェイムズ一世は、即位するや、ブリテン国家の統合という事業に、並々ならぬ熱意を示した。彼は、一六〇四年の議会演説で、イングランドとスコットランドの統一を主題に、つぎのように語った。「余は夫であり、ブリテン島全体がすべて合法的な妻である。余は頭であり、ブリテン島全体が身体である。余は羊飼いであり、ブリテン島全体が子羊の群れである。それゆえ、聖書のもとにあるキリスト教徒の国王たる余が、一夫多妻主義者で二人の妻をもつ夫であるべきなどと無分別に考える者がいないことを余は望むのである」。

国王の願いの一部は、アイルランドをも巻き込んで、三国にまたがる事業のなかで実現されることになった。アイルランド北部への入植事業であるアルスター植民▲は十七世紀初頭から開始され、ジェイムズ一世の後ろ盾もあって、イングランドとスコットランドの共同事業として促進された。アルスター地方のゲール系氏族の首領であったヒュー・オニール▲は、一五九〇年代に大規模な反乱を起こしたが、イングランド軍に敗れ、一六〇七年にヨーロッパ大陸へ脱出した。国王は、ゲール系氏族の土地を取り上げ、イングランドとスコットランドの貴族・軍人・官僚などに分配した。この土地に両国のプロテスタントが入植した。イングランドからの入植者には合計一万一五〇〇エーカー、スコットランドからの入植者には合計一万一〇〇〇エーカーの土地が与えられたことからもわかるように、両者はほぼ対等な条件で入植することができた。アルスターで生まれた入植者の子弟は、イングランド人、スコットランド人を問わず、「ブリテン人」と呼ばれた。ほぼ同時期に入植した彼らは、「野蛮な」アイルランドを「文明化」するという共通の目標に従事したのである。ただ、この事業

▼アルスター植民　アイルランドの北東部アルスターへの入植事業で、一六〇七年ころから開始された。スコットランド出身のジェイムズ一世の後ろ盾もあり、イングランドとスコットランドから農民や商工業者が入植し、両国の共同事業として実施された。

▼ヒュー・オニール（一五四〇?～一六一六）　アルスター地方のゲール系オニール族の首領。一五九五年にオドンネル族と手を結び、イングランド王権にたいする大規模な反乱を起こしたが、一六〇三年にイングランド軍に敗れ、〇七年に亡命した。

がゲール系の人びとの犠牲の上に成り立っていたことは忘れてならないだろう。

しかし国内に目を向けると、ジェイムズ一世のイングランド統治は、決して順調ではなかった。彼は、戴冠式に向かう途中、ピューリタンたちから教会改革の徹底を求められたが、ピューリタンの要求は、あえなく斥けられた。国王は、一六〇四年のハンプトン・コート会議で「主教なければ国王なし」と述べて、国教会体制の堅持を表明したのだった。

ピューリタンと同じく国王と対立したのが、ジェントリを中心にした社会層であった。ジェントリは、十六世紀ころから無給の治安判事を務め、商工業にも積極的に関与して地方社会の「名望家」として実力を蓄え、議会の庶民院に選出されることも多かった。常備軍をもたず、有給の官僚▲組織を欠くイングランドの絶対王政にとって、ジェントリに代表される社会層の協力を取りつけることは、安定した統治の第一条件であった。だが国王は、王権は直接神の権威に由来するという王権神授説を振りかざし、「国王・貴族院・庶民院」という三者のバランスを重んじるイングランドの伝統的国制▲を無視しがちであった。庶民院議員たちは、議会を軽視する国王に少なからぬ違和感をいだき、イング

▼官僚　十六・十七世紀のイングランドでは、統治の中心は枢密院にあり、それを支える常備軍や官僚制は発達しなかった。そのため、地方の名望家であるジェントリの協力を取りつけることが不可欠であった。この点は、大陸ヨーロッパ諸国との大きな違いである。

▼イングランドの伝統的国制　一二一五年のマグナ・カルタ(大憲章)以来、国王の専制支配にたいしてイングランド人の権利を保障する考えは、「国王・貴族院・庶民院」という三者のバランスを重んじる混合政体論と結び付いて発展した。この政体論は、十五世紀にジョン・フォーテスキューの著作によって基礎づけられ、十六世紀のトマス・スミスや十七世紀のコモン・ローの思想によって発展した。

ランド固有の法体系であるコモン・ロー▲を拠り所にして、「古来の自由」への侵犯に抵抗していった。

こうした宗教的・政治的争いに拍車をかけたのは、国王側の経済政策である。新興のジェントリやヨーマン▲を中心にした人びとは、土地の集積を続ける一方で、地域の農業改良を指導して生産力の向上に貢献し、当時最大の輸出産業であった毛織物工業にも従事していた。しかし、スペインのネーデルラント攻撃にともなうアントウェルペン市場の閉鎖(一五八五年)を契機にして、輸出先を失った毛織物工業は極度の不振に陥り、一六二〇年代のイングランドは深刻な不況にみまわれた。そうしたなかで、毛織物工業の側もフランドルの亡命者から技術を学び、多様な製品の開発に努め、薄手の「新毛織物」を新たな輸出品とした。また毛織物以外の衣料品や染料、製紙、石炭、石けん、ガラス、雑多な金属製品などを製造する新しい産業も多数出現した。これらは「実験企業」と呼ばれ、企業家的なジェントリによって経営されることが多かった。それは、困窮した農民に仕事を与え、従来、輸入に頼っていた商品の国産化をめざした。だが国王の政府は、不況にたいする抜本的な対策をせず、むしろ財政難を打開

▼**コモン・ロー**　中世以来発達したイングランド固有の法体系。中世に慣習法と封建法が融合して基礎ができた。革命前には、混合政体論と結び付き、国王の専制支配にたいする議会の抵抗の拠り所となった。

▼**ヨーマン**　ジェントリの下に位置するイングランドの中流社会層。具体的には、自由保有、慣習保有、定期保有などのかたちでかなりの土地を保有する自営農民。十七・十八世紀の囲い込みなどによって分解し、大半は賃金労働者になったが、一部は資本家となり成功した。

▼「**権利の請願**」　エドワード・クックを中心に一六二八年に起草された文書。チャールズ一世の恣意的課税や不法な逮捕を、イングランド人の権利に反するものと主張した。国王は、いったん受諾するが、のちに無視して、革命の契機となった。

▼**ウィリアム・ロード**(一五七三～一六四五)　チャールズ一世の専制支配を担った聖職者。一六二八年にロンドン主教、三三年にカンタベリ大主教となり、四五年に処刑された。

するために独占権を濫発《らんぱつ》し、特定の産業や特権商人を保護するだけであった。
ここでも議会と王権との対立関係は深まっていた。

チャールズ一世の国教会強制とピューリタン

一六二五年、ジェイムズ一世が死去すると、彼の息子のチャールズが即位した。チャールズ一世は、前王と同じく王権神授説を信奉しており、議会の同意をえない外交をおこない、臨時の課税を強行したりした。こうした国王大権の行使にたいして、議会は、一六二八年「権利の請願」▲を起草し、国王に提出した。ところが国王は、いったん「権利の請願」を受諾したものの、翌年には議会を解散し、反対派の議員を投獄して、以後一一年にわたり、議会を開催しないという専制政治を断行した。これを支えたのが、ウィリアム・ロード▲とトマス・ウェントワース▲という二人だった。国王と側近は、ロード＝ウェントワース体制のもとで「徹底政策」を追求し、星室庁裁判所▲と高等宗務官裁判所▲という二つの裁判所を用いて、反対派の議員やピューリタンを弾圧していった。ロードとウェントワースは、前者が大主教としてスコットランドに国教会を強制

▼トマス・ウェントワース（一五九三〜一六四一）　一六一四年から庶民院議員となり、当初は国王批判派であったが、転向して枢密顧問官になり、三二年からアイルランド総督になり「徹底政策」と呼ばれる強硬な支配をアイルランドで実施した。帰国後、一六四〇年に国王からストラフォード伯爵を授けられたが、悪政の中心人物として長期議会から弾劾され、四一年に処刑された。

▼星室庁裁判所　一五四〇年ころ枢密院から司法機能を区分して設けられ、独自の書記と記録を備えた裁判所。テューダー、ステュアート期には国王の専制支配を強化するために用いられ、長期議会によって一六四一年に廃止された。

▼高等宗務官裁判所　一五八〇年ころに設けられた、教会問題をあつかう国王大権裁判所。テューダー、ステュアート期には星室庁裁判所とともに、国王の専制支配のために使われ、とくにピューリタン迫害に用いられた。長期議会によって一六四一年に廃止された。

したことによって、後者がアイルランド総督として強硬な支配をアイルランドに押し付けたことによって、ともに複合国家体制の危機をまねく当事者となった。

　専制政治をおこなう一方で、国王は、財政難を解決するために、議会の同意をえない課税に踏みきった。彼は、国王大権によって関税(トン税・ポンド税▲)を強化しただけではなく、騎士強制金▲を新設し、独占権を濫発したりして、多くの人びとの反発をまねいた。一六三五年、海港都市だけに限定されていた船舶税が全国に拡大されると、三七年には元議員のジョン・ハムデン▲が支払い拒否の闘争を開始した。もはや修復しがたい溝が、王権側と元議員やピューリタンのあいだにできつつあった。これらの専制政治に加えて、チャールズの政府を国民から決定的に離反させ、革命の重要な要因を形成したのは、国王の宗教政策である。チャールズ一世は、一六二五年、フランスからカトリックの王妃アンリエッタ・マリア▲をむかえただけではなく、さまざまな親カトリック政策を展開し、ピューリタンへの弾圧を進めた。こうした政策は、当然チャールズがカトリックの復活を意図しているという疑惑を高めた。

▼トン税・ポンド税　チャールズ一世がおこなった課税の一つ。一六二五年に一年かぎりで徴収が認められたが、国王は議会の同意をえずに課税を続けた。長期議会によって一六四一年に廃止された。

▼騎士強制金　チャールズ一世が、一六三〇年、議会の同意をえずにおこなった臨時課税の一つで、自由土地保有者に封建的関係を強制した。長期議会によって一六四一年に廃止。

▼ジョン・ハムデン(一五九四〜一六四三)　ジェントリ出身の政治家。一六二一年に庶民院議員となり、国王批判により投獄されたが、海港都市だけに限定されていた船舶税が三五年に全国へ拡大されると、三七年、船舶税支払い拒否の闘争を開始し、ピューリタン革命への道を切り開いた。内戦勃発後には従軍し、戦死した。

▼**アンリエッタ・マリア**（一六〇九〜六九） フランス王アンリ四世の娘で、一六二五年五月、チャールズ一世（写真左）と結婚した。熱心なカトリック教徒として知られ、イングランドの反カトリック感情を高めた。

国王の専制政治や親カトリック政策にたいし、イングランド国内で反発したのはピューリタンであった。国王とロード派の宗教政策にたいして、ある戦闘的なピューリタンは、「あたかもカトリックをイングランドにもたらし、イングランドをカトリックに変形するための……秘密の陰謀が進行しているように思われる」と反カトリック的な意識をあらわにして、危機感を表明した。彼らは、絶対王政の将来に不安を感じる一部のジェントリやヨーマンに支持され、特権商人にたいして不満をいだく新興商人にも受け入れられた。革命前夜には、ピューリタンと後援者のジェントリや商人を結ぶ反対派のネットワークが形成されつつあった。それは国内にとどまるものではなく、オランダやアメリカ大陸にまでおよんでいた。その一例として、イングランドから出航したピルグリム・ファーザーズは、オランダを経由して一六二〇年に北米のプリマスへ上陸した。一六三〇年代には、多くのピューリタンがマサチュセッツ湾植民地に移住した。彼らは、先住民から土地を奪いながら、ニューイングランド植民地を建設したのである。

イングランドの一般祈禱書強制にたいして怒るエディンバラの人びと（一六三七年）

スコットランドとアイルランドの反発

イングランドの外でも、チャールズ一世の政府にたいする反発は強まっていた。チャールズ一世は、一六二五年の即位後、スコットランド王ともなったが、実際に首都エディンバラで戴冠式をおこなったのは、三三年であった。その折、国王に同行したのは、同年にカンタベリ大主教という国教会の最高聖職者になったロードである。すでにスコットランドは、宗教改革によってカルヴァン派の流れを汲む長老教会体制を樹立していたが、国王と大主教は、ここに一般祈禱書を導入して、国教会のやり方を押し付けようとした。スコットランドの人びとにとって、宗教はなににもかえがたい重大事だったので、国教会の強制には猛烈な反発が起きた。一六三七年にエディンバラで暴動が始まり、人びとは一般祈禱書を打ち捨てた。翌年には、スコットランドにおける長老教会主義の堅持と、王権からの教会の独立を誓った「国民契約」が成立し、約三〇万のスコットランド人が署名した。当時のスコットランドの人口が約九〇万であることを考えると、三人に一人が署名したことになる。この「国民契約」の理念によって結ばれた人びとこそ「契約派」であった。彼らは、スコットランド内で実権を握っただけでなく、一六三九年からイングランドとの戦争を指揮し、スコットランドをイングランドの手強いライヴァルに変身させていったのである。

アイルランドでも、初期ステュアート朝にたいする不信感が高まっていた。当時のアイルランドでは、ゲール系の氏族長によって率いられた「ゲーリック・アイリッシュ」、中世に移住した「オールド・イングリッシュ」、十六世紀以降に移住した「ニュー・イングリッシュ」という三者が鼎立《ていりつ》していた。最初の者はゲール系で、あとの二者と民族的に異なり、前二者はカトリック教徒で、プロテスタントの「ニュー・イングリッシュ」とは対立関係にあった。このような複雑な状況のなかで、一六三二年にアイルランド総督となったウェントワースは、三三年に赴任し、「オールド・イングリッシュ」と「ニュー・イングリッシュ」の対立関係に乗じて、両者をたくみにあやつり、財源として利用する一方、政治権力からは排除して、専制的支配をおこなった。彼の政策にたいする反発は、一六三九年九月、彼が国王から呼ばれて帰国するや、すぐに高まった。アイルランド議会は、一致してウェントワースの逮捕を求め、彼の数々の「不法」行為を暴露して、イングランド議会に提供したのである。彼は、帰国後ストラフォード伯となったが、アイルランド議会の情報提供もあって、一六四一年五月、長期議会によって処刑された。ウェントワースの処刑後、アイルランドでは、アルスターから始まった反乱が拡大し、「カトリック同盟」が結成された。ジェイムズ一世の肝いりで建設されたアルスター植民地であったが、土地を奪われたゲール系の人びとの怒りは決して消滅しなかったのである。この同盟は、国王への忠誠を誓いながらも、カトリック信仰の擁護をかかげ、アイルランドは自立化の道をたどっていった。

こうしてチャールズの政府は、イングランドではピューリタンたちの抵抗や亡命を引き起こし、スコットランドでは長老教会主義を信奉する「契約派」の運動を加速させ、アイルランドでも長らく抑圧されてきた人びとを目覚めさせ、イングランドへの抵抗運動へ駆り立てることになった。ジェイムズ一世の時代には前進するかにみえた初期ステュアート期の複合国家体制であるが、各地で反発や抵抗に遭遇し、たちまち解体の危機に陥ったのである。

③―ピューリタン革命の開始と宗教問題

スコットランド暴動から長期議会へ

　ピューリタン革命の発端は、隣国スコットランドの暴動から始まった。先述のように、一六三七年、チャールズ一世とロード大主教は、長老教会主義を信奉していたスコットランドに、イングランド国教会の儀式と祈禱書を強制した。これにたいしてエディンバラでは暴動が生じ、一六三九年にスコットランドとのあいだに戦争(第一次主教戦争)が起きた。国王は、戦費調達のために議会を召集せざるをえなくなり、一一年ぶりに議会が開かれた。一六四〇年四月に開催された議会は、国王の意向に従わず、わずか三週間あまりで解散されたので短期議会と呼ばれる。チャールズは、なおもスコットランド問題にこだわり、同年七月、ふたたび戦争(第二次主教戦争)を起こしたが、スコットランド軍に敗北し、賠償金の支払いを迫られた。国王は、その支払いのために再度、議会を開かなければならず、一六四〇年十一月に議会を召集した。この議会は、その後、一二年半継続したので長期議会▲と呼ばれた。

▼長期議会　ピューリタン革命期のイングランド議会で、スコットランドとの第二次主教戦争に敗れたチャールズ一世が賠償金の財源をえるため、一六四〇年十一月に召集した。この議会は、一六五三年四月にクロムウェルによって解散されたが、五九年五月に復活し、六〇年三月まで断続的に二〇年間続いた。

ストラフォード伯ウェントワースの処刑（一六四一年五月）

　イングランドとウェールズから選出された約五〇〇名の庶民院議員を中心にした長期議会は、国王の思惑とは裏腹に、さまざまな改革を断行した。議会は、まず専制政治の人的支柱であったストラフォード伯ウェントワースと大主教ロードを逮捕し（一六四〇年十一、十二月）、前者は翌年五月に、後者は一六四五年一月に処刑された。つぎに議会は、専制政治を阻止し、絶対王政の支配機構を打破する諸立法を制定していった。三年議会法によって、少なくとも三年に一度の議会召集が定められ（一六四一年二月）、議会の同意なき課税が禁止され（同年六月）、十六世紀に設けられた星室庁裁判所と高等宗務官裁判所という二つの弾圧機関が廃止され（同年七月）、船舶税の不法性が宣言された（同年八月）。注目すべきは、これらの諸改革が、ほぼ満場一致のかたちで進められたことである。

スコットランド契約派の改革

　長期議会の改革がイングランドで進行しているあいだ、スコットランドとアイルランドの状勢も大きく変化した。革命の発端をつくったスコットランドで

大主教ロードの処刑（一六四五年一月）

は、契約派が主導して、一六三八年春から四一年にかけて、議会・宗教・行政の各分野にわたり諸改革が進展した。国教会の主教制と国王チャールズ一世の影響力を払拭して、スコットランドの自立化を進めた契約派は、プロテスタント貴族と長老派牧師によって指導されていたが、一院制のスコットランド議会では、両者に加えて、レルドと呼ばれる地主層や都市代表の議員も選出されるようになった。議会開催について、スコットランドでは、イングランドよりも八カ月早い一六四〇年六月に三年議会法が成立した。宗教では、主教制を廃止し、長老教会体制を完全復活させ、行政でも、枢密院から主教を追放し、王権の介入を斥けた。近年では、これらの改革を総称して、「スコットランド革命」と呼ぶ研究者もいる。

さらにスコットランドでは、イングランドとアイルランドを含めた三国の統合を求める動きがあらわれた。契約派は、教会統合という観点から、スコットランドの長老教会体制をモデルにした宗教的統一を追求したのである。彼らは、イングランド議会派に同盟を呼びかけた一六四三年九月の「厳粛な同盟と契約」において、スコットランド教会の擁護を説くとともに、軍事的援助と引き換えに、イングランドとアイルランドでも長老教会体制が樹立されるよう、つぎのように語った。「もっともよく改革された諸教会の例に従って、教義・礼拝・規律・教会統治においてイングランドとアイルランドの王国の改革」を推し進め、「私たちは、宗教・信仰告白・教会統治の方式・礼拝と教理問答の方針において、できるだけ連携と統一に向けて、三王国に神の教会をもたらすように努力するだろう」。このようにスコットランドは、宗教レヴェルに限定されてはいるが、イングランドと異なる立場から「ブリテン国家」の建設をめざした。スコットランドの契約派は、イングランド議会派、わけても長老派と提携しながら、ピューリタン革命初期に三国での長老教会体制の普及を求めた。もはやスコットランドは、イングランドの従属国などではなく、手強いライヴァルへと変貌したのである。

アイルランドの反乱とイングランドへの影響

他方、アイルランドでも、一六四一年十月にアルスターから始まった反乱が燎原《りょうげん》の火のごとく拡大していった。アルスターの反乱は、ゲール系のカトリ

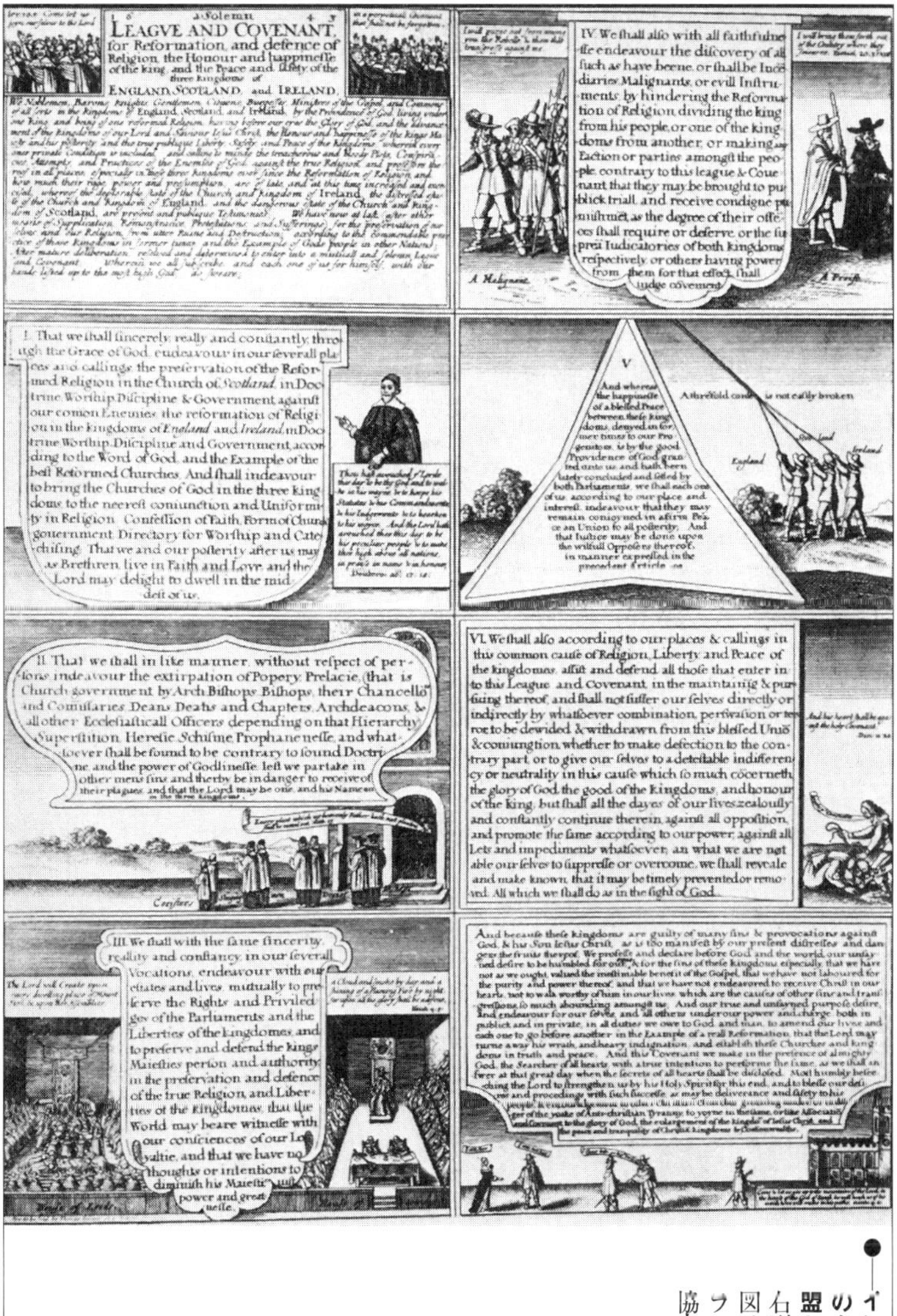

●――**イングランドとスコットランドのあいだで結ばれた「厳粛な同盟と契約」**（一六四三年九月）　右列の上から二段目の三角形の図は、イングランド、スコットランド、アイルランドの三国が協力するようすを描いている。

ック教徒にたいしてなされた土地・財産の没収への怒りが爆発した事件で、イングランドとスコットランドのプロテスタント入植者にたいして報復がなされ、多くの人命が失われた。反乱軍は、アルスター全土を制圧したあと、南下したが、各地の「オールド・イングリッシュ」のなかから反乱に合流する動きがみられた。両者は、カトリック信仰という点で協力することができたのである。これに呼応して、アイルランドのカトリック教会の指導者も加わり、反乱は新たな段階に達した。

一六四二年五月、レンスター地方南部のキルケニで開催されたアイルランド・カトリックの全国聖職者会議は、反乱を正当なものと認め、聖職者・貴族・都市の代表からなる総評議会の設立を呼びかけた。これに応じて、同年十月、国王チャールズ一世への忠誠を誓いながらも、カトリック信仰の擁護をかかげるカトリック同盟が成立したのである。この同盟は、立法機関の「総会」と行政と司法をつかさどる「最高評議会」をもっていた。「総会」は選挙で選ばれる庶民議員と貴族議員からなる一院制で、「最高評議会」は、総会によって選出されるアイルランドの四地方からの代表(各地方から六名で計二四名)からなっていた。カトリック同盟は、軍事権や外交権も有しており、各地方単位で軍隊を編成したり、外国との交渉もおこなった。カトリック同盟は、イングランドからの自立をめざす、さながら臨時政府のようであった。実際、同盟は教皇の特使リヌチーニを指導者にむかえ、カトリック勢力との国際関係に多大な配慮を示した。ただ、この同盟は、カトリックの信仰擁護を求めながら、国王への忠誠を誓うという困難なスローガンを掲げていた。そのため、国教会の権益を重視する国王との和平交渉過程で、カトリック聖職者が反対し、分裂の道をたどったのである。

こうしてピューリタン革命の初期に、ブリテン諸島ではスコットランドとアイルランドの自立化がみられ、イングランドを中心にした複合国家建設の構想は挫折してしまった。そればかりか、イングランドでは、一六四一年秋くらいから、国教会体制の廃止をめぐって、議会内部に分裂の兆しがみえはじめる。議会は二つに分裂し、翌年から内戦が勃発するという一大事に突入することになる。これ以後も、スコットランドとアイルランドは、多大な影響力をイングランドに行使しつづけることになった。

アイルランド人による大虐殺を伝えるイングランドの出版物

▼ジョン・ピム（一五八四〜一六四三）　ピューリタン革命初期の指導者。一六二一年から庶民院議員となり、国王の専制に異議を申し立てた。一六四〇年の短期議会・長期議会では反対派を結集し、「大抗議文」の作成にあたっては中心的役割をはたした。内戦勃発後も議会派のために尽力したが、病死した。

最初の大きな波は、アイルランドからもたらされた。一六四一年十月から始まったアイルランドの反乱では、合計三〇〇〇人ほどのイングランド人とスコットランド人が殺害されたのであるが、そのニュースは誇張して伝えられ、二〇万人から三〇万人の大虐殺がおこなわれたというデマが乱れ飛んだ。反乱はイングランドやウェールズで反カトリック意識を刺激し、アイルランド人が侵攻したり、カトリック教徒が武装蜂起するという噂がささやかれ、国王がアイルランド兵を用いて秩序維持をねらっているという話がやまず、イングランドとウェールズの多くの地方でパニックが生じた。とくに海をはさんでアイルランドに接するウェールズとイングランド北西部では、影響が甚大であった。ピューリタン革命は、スコットランドの暴動に端を発し、アイルランドの反乱によって加速されたのである。

長期議会のなかのジョン・ピム▲に率いられたグループは、こうした動向にあと押しされて、国王やロード派の悪政を列挙した「大抗議文」を作成した。この文書では、「イエズス会的カトリック」と「儀礼・迷信を重んじる主教と聖職者の腐敗分子」と「私的目的のために外国君主の利益を増進することにたずさわった側近と廷臣」という三者によって「この王国の宗教と正義がしっかりと根ざしている統治の基本法と原則を破壊する有害な企て」がなされたとあり、国土大権の内容に踏み込んだ改革が意図された。一六四一年十一月、「大抗議文」は議会を通過したが、それはわずか一一票差というきわどいものであった。議会の分裂は、もはや不可避になっていた。

内戦の勃発と議会軍の勝利

この事態に直面した国王は、一六四二年一月、ピムやハムデンら急進派の五議員を逮捕しようとして議会に乗り込むが、失敗した。国王は、ロンドンを離れて北へ向かい戦闘準備を始めた。これにたいして議会側は、同年三月「民兵条例」を採択して軍事権を掌握し、六月には、議会主権を主張する「十九条提案」を国王に提出した。国王側は、これを受諾するはずもなく、八月末、ノッティンガムで挙兵した。ついに国王派▲（騎士派）と議会派▲（円頂派）へ分裂し、両派のあいだに内戦が勃発したのである。

国王派と議会派は、どのような人びとからなり、どのような特色をもってい

▼**国王派**　ピューリタン革命期の国王支持勢力で、騎士派とも呼ばれる。宮廷と結び付いたり、特権を享受している人びとが中心であるが、地縁や血縁のため国王派に参加した者も多かった。

▼**議会派**　ピューリタン革命期に議会を中心に、国王と対抗した人びと。短髪の徒弟層も参加したので、円頂派とも呼ばれる。政治的には国王特権に反対した人びと、宗教的には長老派や独立派といったピューリタンが多数を占めた。

▼リチャード・バクスター（一六一五〜九一）　ピューリタンの聖職者、政治理論家。病気などのために、ほとんど独学で神学を学び、革命前にピューリタンとなり、一六四一年からイングランド中西部のキダーミンスターで聖書講師を務めた。

▼エドワード・ハイド（一六〇九〜七四）　イングランドの政治家、歴史家。オクスフォード大学卒業後、ピューリタン革命期には国王派に与（くみ）し、亡命した。王政復古後は国政を指導し、国教会を再建した。

るのだろうか。ピューリタンの牧師リチャード・バクスター▲や政治家エドワード・ハイド▲らは、両派の社会構成をつぎのように大別している。国王派は貴族やジェントリの大部分と彼らの家臣・従者などから、議会派は貴族やジェントリの一部と商工業者やヨーマンなどからなる。地域的には、国王派は北部・西部・南西部を、議会派は東部・南部・中部を基盤にしており、宗教的には、国王派の多くが国教会を、議会派の大半がピューリタニズムを信奉していた。もっとも、両派のいずれにも属さない中立派も存在しており、両派の対立には一般的図式ではすくい上げられない複雑な要因が作用していた。最近の研究は、各州や各都市に地縁・血縁関係や利害関係がからまった複雑な対立があったことや、スコットランドとアイルランドの動向が非常に重要であったことを示唆している。

内戦は、当初、国王派優位のうちに進展した。国王軍は三十年戦争への従軍経験をもつ貴族や精鋭な騎兵隊をかかえており、一六四二年十月のエッジヒルの戦い後は優勢を占め、一時はロンドン進撃をうかがうほどであった。他方、議会軍は、各州の民兵隊を中心にしたアマチュアの集団であり、自分の州をこ

●ピューリタン革命期の国王派と議会派

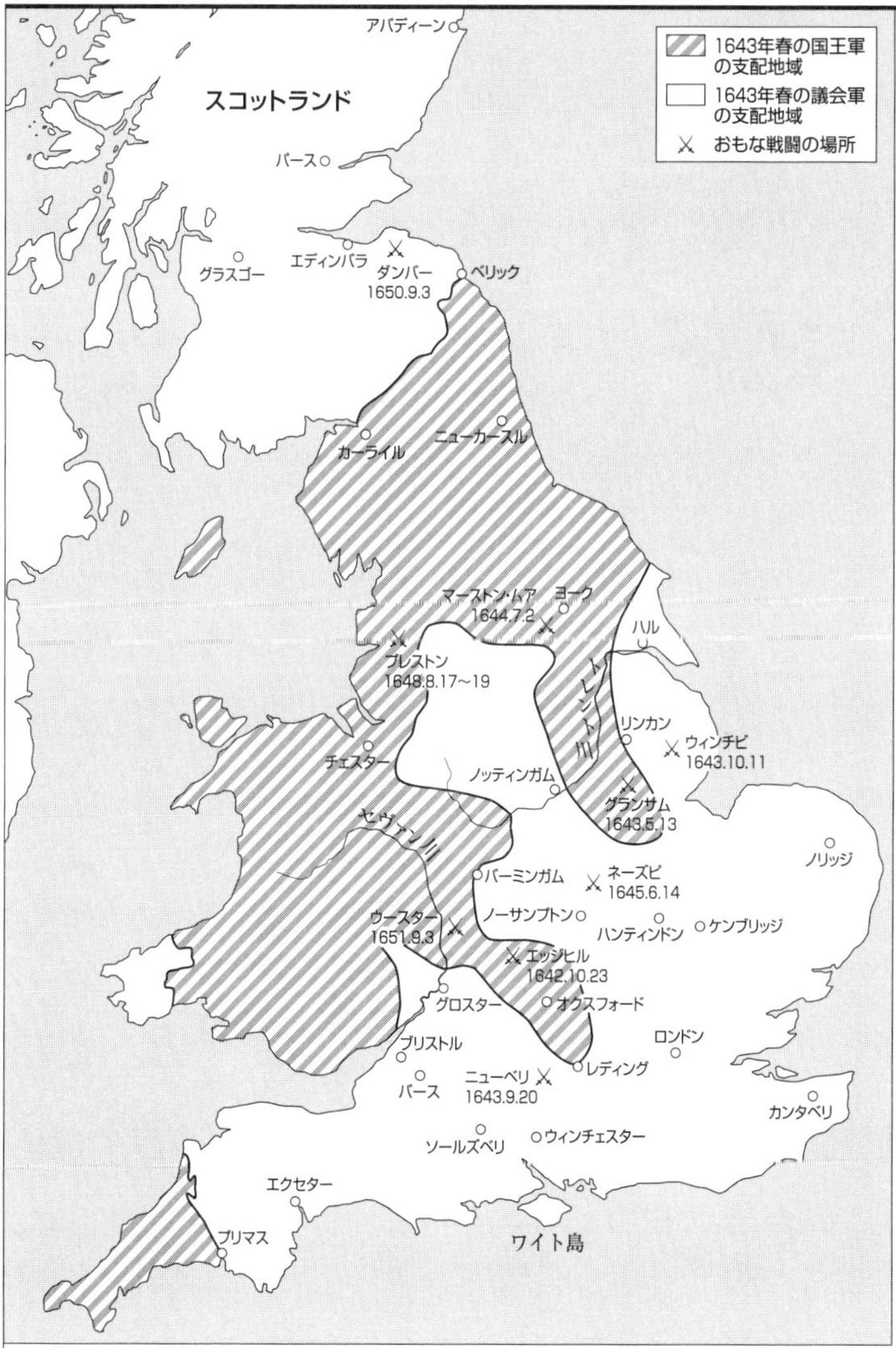
1643年春の国王軍の支配地域
1643年春の議会軍の支配地域
おもな戦闘の場所
スコットランド
アバディーン
パース
グラスゴー
エディンバラ
ダンバー
1650.9.3
ベリック
カーライル
ニューカースル
マーストン・ムア
1644.7.2
ヨーク
ハル
プレストン
1648.8.17〜19
トレント川
リンカン
ウィンチビ
1643.10.11
チェスター
ノッティンガム
グランサム
1643.5.13
セヴァン川
ノリッジ
バーミンガム
ネーズビ
1645.6.14
ノーサンプトン
ハンティンドン
ケンブリッジ
ウースター
1651.9.3
エッジヒル
1642.10.23
グロスター
オクスフォード
ブリストル
ロンドン
レディング
バース
ニューベリ
1643.9.20
カンタベリ
ソールズベリ
ウィンチェスター
エクセター
プリマス
ワイト島

▼**オリヴァ・クロムウェル**（一五九九〜一六五八）　ピューリタン革命の指導者で、政治的独立派に属する。小ジェントリの家に生まれ、ケンブリッジ大学在学中にピューリタンの影響を受け、一六二八年に庶民院議員となる。内戦勃発後は、軍士官としての才能を開花させ、ニューモデル軍指揮官として活躍した。一六四九年の国王処刑では中心的役割をはたし、五三年には「統治章典」に従ってプロテクター（護民官）に就任した。一六五八年に病気のため死去。

えて戦うことを好まないローカリズムによって特徴づけられた。こうした事態を打開するために、議会派は、東部・中部・西部といった州連合を単位として軍隊を再編成することに着手し、一六四三年九月には、オリヴァ・クロムウェル▲の指導のもとで東部連合軍が成立した。

　同じころ、議会は、スコットランドの軍事的援助を期待して、隣国とのあいだに「厳粛な同盟と契約」を結んだ。だが、スコットランド側は、軍事的・政治的同盟にとどまらず、イングランドに長老教会体制の樹立を望む宗教的な同盟に固執した。これに呼応した議会内のグループは「長老派」と呼ばれ、イングランドの長老教会主義者（宗教的長老派）と提携した。他方、国王との徹底抗戦を主張するグループは、独立教会主義者（宗教的独立派）と手を結び「独立派」と呼ばれた。これ以後、議会を拠点にした長老派が国王との妥協を模索したのにたいして、独立派は主として軍隊を基盤にし、一般兵士層を取り込みながら内戦の勝利に貢献していった。独立派は、スコットランドの影響を最小限にとどめながら、混乱するイングランドの再建をめざしたのである。

　一六四四年七月のマーストン・ムアの戦いは、アレグザンダー・レズリ▲が指

▼アレグザンダー・レズリ（一五八一？～一六六一）　オランダやスウェーデンで戦歴を積んだスコットランド軍の指揮官。一六四四年七月のマーストン・ムアの戦いで奮戦し、議会派を勝利に導いた。チャールズ一世処刑後は、チャールズ二世を支持するが、一六五〇年九月のダンバーの戦いで敗れ、ロンドン塔に幽閉された。

揮するスコットランド軍が加わり、クロムウェル率いる「鉄騎隊」の活躍もあって議会軍の勝利に終わった。このあと、クロムウェルらは議会軍の本格的改革に着手し「鉄騎隊」を中核にしながら、一六四五年二月、ニューモデル軍を編成し、同年四月の「辞退条例」によって妥協的な長老派の指揮官を軍隊から追放した。この段階で議会軍はローカリズムを克服し、兵士のなかにも、ピューリタンの従軍牧師の影響を受けて、「反キリスト」を打倒し「神の大義」のために戦うことを自覚する者が多かった。第一次内戦は、一六四五年六月、ネーズビにおける議会軍の決定的勝利をへて、翌年六月、国王派の本拠地があったオクスフォードの陥落によって終結した。

長老派と独立派

前述したように、政治的グループである「長老派」と「独立派」は、ピューリタンの教派である長老派と独立派の名称を反映したものであった。宗教的長老派は、カルヴァン主義の流れを汲み、末端の教区教会を統轄する長老会の役割を重視していたが、さらに全国的教会組織を考えることによって、国教会と類似する側面をもっていた。他方、宗教的独立派もカルヴァン主義の影響下にあったが、信者集団からなる末端の教会を基本単位と考え、下から教会組織全体を純化しようと構想していた。

一六四三年七月から始まったウェストミンスター神学者会議は、国教会廃棄後の教会体制を議論するために開催された。集まったのは、イングランドの聖職者と俗人だけでなく、スコットランドの聖職者と俗人も含まれていた。そこでは長老派が多数を占め、イングランドに長老教会体制を導入しようとした。これに抵抗したのが少数派である独立派であった。オランダやニューイングランドからの帰国者を多数含む独立派は、クロムウェルらの政治的独立派と提携し、議会の月例説教を積極的におこない、従軍牧師職にも従事して、議会派や一般兵士層に強い影響力を行使した。例えば、ある独立派の聖職者は、一六四一年の議会説教において、イングランドは「教皇的・カトリック的な改変から真理を守るために、主に宣誓し盟約を結ぶべきである」と述べ、反カトリック的な意識を表明しながら、内なる敵に注目して「かつて反キリストの統治に与えられたなかで最大の打撃が」いまや加えられていると語った。また別の独立派牧師は、一六四八年の議会説教において「イングランドは、特別な方法で主なるキリストの王国となるだろう」と述べ、議会軍の勝利を千年王国論と結び付けて説明した。キリストが近い将来に再臨し、地上で千年におよぶ王国が実現されると考えるこの思想は、独立派牧師の多数によって主張され、兵士層にも共有されていった。

セクトと平等派

議会派を支持し、議会軍に参加した者の多くは、「セクト」と呼ばれる分離教会に所属した。独自の教会として発展した分離教会は、教区の枠をこえて、一六三〇年代からひそかに形成されたが、四〇年代のロンドンではつぎつぎに設立され、急速にその数をましていた。分離教会は、小ジェントリや新興商人層が支持した独立派教会から、国教会による幼児洗礼を否定するバプテスト派▲教会、手工業者や小商人など民衆層が加入した教会までさまざまであった。独立派の聖職者は、こうした分離教会の代表者と会合を続け、単一の国家教会体制にかわりプロテスタント諸派が許容される体制を模索して、宗教的寛容への

▼**バプテスト派**　幼児洗礼を否定するプロテスタントの一派で、国教会からの分離を主張。十七世紀の初めに創始され、ピューリタン革命期に勢力を伸ばした。特殊救済を説くカルヴァン主義的立場と、普遍救済を説く非カルヴァン主義的立場に分裂したが、手工業者や商人など民衆層も加入し、信徒をふやした。

道を切り開いていった。ただカトリック教会は、アイルランドの反乱や大陸カトリックの脅威もあって、ほとんど容認されなかったことを付言しておこう。

　一方、ロンドンの手工業者や小商人層に基盤をおき、「セクト」からも参加者をえたのが平等派であった。ジョン・リルバーン▲、ウィリアム・ウォルウィン▲、リチャード・オーヴァトン▲らに率いられた平等派は、一六四五〜四六年あたりから宗教的立場の違いをこえて政治的・経済的自由を求めていたが、四七年二月、議会が軍隊の一部を解散して、残りをアイルランドに派遣しようとしたのを契機に本格的な活動を始めた。この「軍隊の危機」にたいして平等派は、給与さえ満足に支払われていない一般兵士層の利害を守るために発言した。すでに平等派の影響力は一般兵士層に浸透しており、兵士たちは、同年五月、部隊ごとに「アジテーター」と呼ばれる兵士代表を選出し、「全軍会議」を結成した。さらに兵士たちは、人民主権の立場から政治改革を求めた「正確に述べられた軍隊の主張」(一六四七年十月)を発表した。彼らの主張の急進性に驚いた独立派の軍幹部は、独立派と平等派の代表を集めて討論の場を設けた。

　こうして一六四七年十月末から十一月まで、ロンドン近郊のパトニーで会議

▼ジョン・リルバーン(一六一五?〜五七)　平等派の指導者。小ジェントリの家に生まれ、革命前にピューリタン文書の密輸にたずさわり投獄されたが、長期議会開会後に釈放され、内戦勃発後は議会軍に参加。一六四五年ころからウォルウィン、オーヴァトンらと平等派を組織し、政治活動をおこなうとともに、「生得権」という概念を軸に信仰の自由などを説いた。晩年は、クェイカー派に回心した。

▼ウィリアム・ウォルウィン(一六〇〇〜八一)　平等派の指導者。ジェントリの家に生まれ、革命前にロンドンの絹織物商の徒弟にはいる。その間にピューリタンの影響を受け、普遍救済の立場から信仰の自由を説いた。革命期に、平等派を結成し、大衆請願を組織した。晩年は医療活動に従事した。

が開催された。パトニー会議の冒頭で、兵士代表は、人民主権論にもとづいた共和政の構想である「人民協約」を提出した。さらに平等派は「イングランドのもっとも貧しい者といえども、発言権をもたない政府にたいしては厳密な意味で服従する義務を負っていない」と述べ、「人民協約」に従って成年男子の普通選挙権などを要求した。これにたいして独立派の軍幹部ヘンリ・アイアトン▲はゆずらず、選挙権を土地所有者などの有産階級に限定しようとした。結局、平等派の主張は受け入れられなかったが、社会契約の原理に依拠して政治的自由を追求した彼らの思想と運動は、イングランド史上先駆的なものとして評価することができる。

他方、議会軍内部での対立が明らかになるにつれて、反革命勢力の動きが活発になった。スコットランドでは、イングランドでの独立派優位にともなって、契約派が分裂し、国王との和解を求めるグループが台頭した。国王とスコットランドのあいだを仲介したのはハミルトン公▲であった。一六四八年四月、彼が率いるスコットランド軍と国王は手を組んで、第二次内戦となった。しかし、独立派と平等派は一時的に和解して事にあたり、一六四八年八月のプレストン

▼リチャード・オーヴァトン（一六四〇〜六三頃活躍）　平等派の指導者。革命前にオランダから帰国し、非合法の出版所をいとなんだ。当初は迫害の不当性や宗教的寛容を説いたが、一六四五年ころから平等派を組織し、政治活動をおこなうとともに、自然権論や抵抗権論を主張した。

▼ヘンリ・アイアトン（一六一一〜五一）　独立派の軍幹部、政治理論家。内戦勃発後、議会軍に従軍し、一六四五年にクロムウェルのもとでニューモデル軍騎兵隊副指揮官となった。政治理論家としても活躍し、一六四七年には「提案要綱」をまとめ、パトニー会議では平等派に対抗した。

▼ハミルトン公（一六〇九〜四九）　主教戦争においてスコットランドに派遣された委員を務め、内戦勃発後は、スコットランドが国王側に与（くみ）するように画策した。イングランドでの独立派優位にともなって契約派が分裂し、国王との和解を求めるグループが台頭すると、ハミルトン公は仲介し、一六四八年四月、第二次内戦を始めた。

の戦いによって国王軍は撃退されたのである。

こうしてイングランドでは、議会派の勝利が確実になった。だが、スコットランドとアイルランドでは、契約派とカトリック同盟をそれぞれ主体とし、両国の自立化は、まだ続いていた。一六三〇年代末から四〇年代にかけて、三国では宗教問題を共通の争点として内戦や抵抗や反乱がくりひろげられた。複合国家体制は解体の危機に瀕したままであった。そのなかで独立派や平等派の目標は、ブリテン国家の形成よりも、イングランドの再建にあったといえるだろう。彼らの掲げた目標は、「イングランドの生得権擁護」(一六四五年十月)や「イングランドの自由なる人民の協約」(一六四九年五月)といった平等派文書の表題と内容にも、はっきりみることができる。独立派や平等派は、複合国家の要の役割をはたさなくなり、混乱を続ける祖国の再建に、国民的意識をもって取り組んだといえるだろう。

④―クロムウェルと複合国家体制の形成

国王なき時代へ

一六四〇年代の後半、スコットランドでは、契約派が分裂し、国王と提携するグループがあらわれた。またカトリック同盟でも、国王との和平交渉を進めるグループが、カトリック擁護を筆頭に掲げる人びとと対立し、分裂が生じた。和平条約は、一六四六年に一度結ばれそうになったが、最終的には四九年一月に締結され、アイルランドのカトリック兵をイングランドに侵攻させることが可能になった。契約派とカトリック同盟、いずれの場合も分裂につけ込んで利用しようとしたのは国王である。内戦で勝利したクロムウェルら独立派にとって、しだいに敵の姿がはっきりみえてきた。それは、国王と彼を支えるスコットランド、アイルランドの勢力であった。こうして独立派は、不本意ながらも国王処刑へと進み、アイルランドとスコットランドの征服に乗り出すことになった。しかし、国王処刑後には、イングランド史上、はじめての「国王なき時代」が待ち受け、共和国を樹立するという困難な課題が横たわっていた。しかも、その課題は、イングランド中心の複合国家をふたたび形成するという、これまた困難な課題と連動していたのである。共和国の指導者となったクロムウェルたちは、そうした課題とどのように向き合ったのだろうか。

一六四八年十二月に話はもどるが、長期議会の長老派議員が独立派のプライド大佐▲によって追放され（プライドのパージ）、議会は六〇名ほどの独立派議員だけで構成されるランプ議会▲となった。軍隊のみならず議会までも基盤にした独立派は、いよいよ反革命の核心部にいる国王チャールズ一世と対峙することになる。一六四九年初め、とらえられた国王を裁くための高等裁判所が設置された。ジョン・ブラッドショウ▲が裁判長、クロムウェルらが裁判官となり、国王の罪状が明らかにされた。そして同年一月末に国王は、「専制君主、反逆者、殺人者、国家にたいする公敵」として死刑の判決を受け、公衆の面前で処刑された。三月には、君主政と貴族院を廃止する法が発布され、イングランドはその歴史上ただ一度きりの「国王なき時代」に突入していったのである。この中心になったのはランプ議会で、行政機関として新たに設置されたのが、定員四一名の国務会議▲であった。その大半は、ランプ議会の議員が占めていた。

▼**トマス・プライド大佐**（?～一六五八）　ピューリタン革命期の議会派軍人で、一六四八年十二月、軍会議の指示により軍隊を率いて、長期議会の長老派議員約一四〇名を追放し、「プライドのパージ」をおこなった。

▼**ランプ議会**　一六四八年十二月の「プライドのパージ」後の長期議会の俗称で、尻肉や残り物を意味する「ランプ」と揶揄（やゆ）された。共和国の中核となるはずであったが、やがて軍隊と対立し、一六五三年四月にクロムウェルによって解散された。

▼**ジョン・ブラッドショウ**（一六〇二～五九）　法学院で教育を受け、革命期には法学院の幹部員を務め、一六四九年一月に設置された高等裁判所の裁判長に選出された。共和政を支持し、クロムウェルによるプロテクター（護民官）政権（七〇頁参照）には批判的であった。

チャールズ一世は、イングランドだけでなく、スコットランドとアイルランドの国王でもあった。しかし国王処刑は、イングランドだけで決定され、他の二国にはなんの打診もなく執行された。これにたいしスコットランドは、国王処刑の報に接するや、驚きと怒りの気持ちをまじえつつ皇太子をチャールズ二▲世として認め、新国王を「神の摂理による、疑う余地のない王位継承と血統の合法的な権利による、ブリテン、フランス、アイルランド」（フランスが入っている理由については、一二頁の用語解説を参照）からなる複合王国の「正統な相続者であり、合法的な継承者」と宣言した。スコットランド内部では、契約派の分裂とともに、新国王に忠誠を誓うグループが台頭したのである。アイルランドのカトリック同盟も、スコットランドと同様にステュアート朝と新国王への忠誠を表明した。こうして国王処刑後に、スコットランドとアイルランドの両国は、イングランドとさらに亀裂を深めることになった。

　イングランドでは、独立派が、革命の勝利者となった。彼らは国王を処刑する一方で、一六四九年三月には平等派の指導者を逮捕し、平等派兵士の反乱も鎮圧して独裁的な体制をつくりあげていった。五月には正式な共和政宣言が出

▼国務会議　ピューリタン革命期の共和国の最高行政機関として、一六四九年二月に新設された。ランプ議会によって最初のメンバー四一名が任命されたが、うち三一名はランプ議会の議員であった。

▼チャールズ二世（一六三〇〜八五）　チャールズ一世の処刑後、すぐにスコットランド王（在位一六四九〜八五）となるが、イングランド王（在位一六六〇〜八五）には王政復古後につく。チャールズ一世の息子。ピューリタン革命で議会軍に敗れ、海外に亡命するが、一六六〇年にブレダ宣言を出して帰国し、王政復古を成しとげ、六二年の礼拝統一法で国教会体制を再建した。しかし、親カトリック的な政策をとり、議会の反発をまねき、名誉革命にいたる要因を醸成した。

され、「イングランドとその全植民地・領地の人民は、一つの共和国にして自由国たるべく形成され、確定された。かくて今後この国民の最高権威すなわち議会における人民の代表によって、また彼らが人民の福祉のために任命する官吏によって……国王および貴族院なきままに統治されるだろう」と告げられた。共和国となったイングランドは、当初、アイルランドを属国とみなす一方で、ライヴァルとなったスコットランドを独立国として認め、切り離そうとした。実際、一六四九年に制定された共和国の国旗や、公文書などに付される国璽は、イングランドとアイルランドを組み合わせ、スコットランドを除外している。

　イングランドは、共和政の実験を始めることになった。それは、国内では国王派などの反革命勢力を打倒し、さまざまな民衆グループの力を利用しながらも、不都合になった場合には彼らを切り捨てるという「聖徒の支配」をめざすものであった。国王処刑前後から、土地の共有を追求したディガーズ▲やピューリタン的なモラルに反発したランターズ▲、「内なる光」に導かれ神との霊的交わりを求めたクェイカー派▲などが活動を始めたが、彼らは政府によって弾圧された。また「キリストの王国」建設をめざして、千年王国論を唱える第五王国

▼ディガーズ　ピューリタン革命期に共同耕作によって私有財産の廃止をめざしたグループ。一六四九年四月に貧しい農民の一団がサリー州で共有地の耕作に着手して始まったが、翌年に弾圧され解散させられた。指導者は、人間の救済が地上での自由な労働にもとづく土地の共有によって実現されると説いたジェラルド・ウィンスタンリであった。

▼ランターズ　ピューリタン的なモラルに反発し、一六四八年ころから既存の規範や道徳に異議申し立てをした民衆グループ。居酒屋や飲食店で乱痴気騒ぎを起こし、非難をあびせられ、共和国政府からも弾圧され、しだいに衰退した。

▼クェイカー派　一六四九年に、ジョージ・フォックスが創始したプロテスタントの一派で、フレンド会ともいう。「内なる光」に導かれ、神との霊的交わりを求めたが、政府によって弾圧された。王政復古期にはウィリアム・ペンに率いられた一団が、北米のペンシルヴェニアに入植し、以後、英米において発展した。

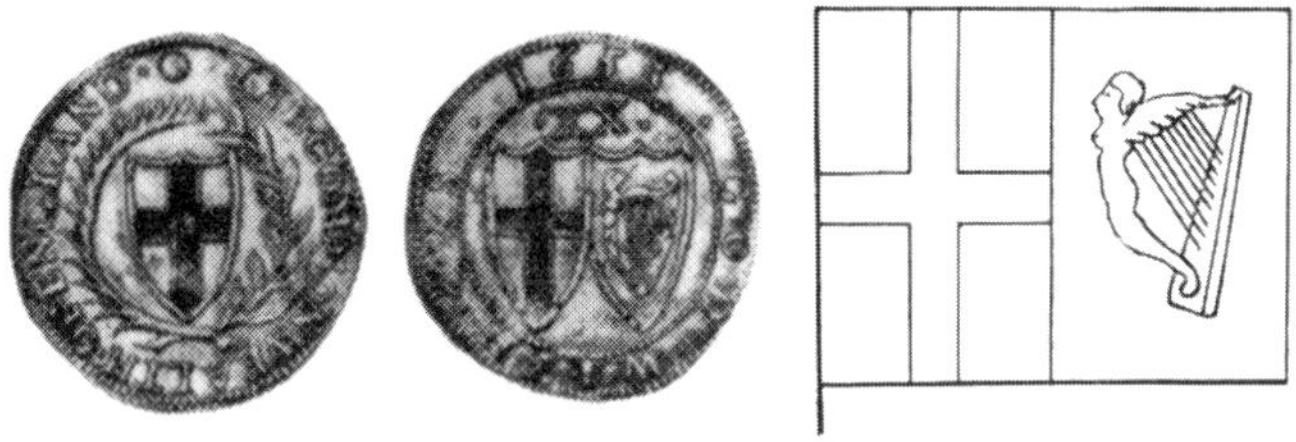

共和国の国旗とユナイト貨　右がアイルランドを、左がイングランドを示す。

派（七〇頁参照）と呼ばれるグループは、一時有力となったが、一六五四年ころから勢力を失った。対外的には、反革命の拠点とみなされたアイルランドとスコットランドを征服し、ヨーロッパ大陸ではフランスのユグノーに代表されるプロテスタント勢力を援助して、カトリック諸国に打撃を与えることが目標とされた。他方で、通商上のライヴァルとなったオランダとは対抗し、植民地の拡大をはかることが意図された。

アイルランドとスコットランドの征服

アイルランドでは、国王派とカトリック同盟が提携して、反革命勢力を形成していた。一六四九年八月、クロムウェルを司令官とする軍隊は、アイルランドのダブリンに上陸し、翌年五月まで各地で非戦闘員を含む多くの市民を虐殺した。この遠征は、アイルランド反乱にたいする報復や、反乱鎮圧の資金を提供したロンドン商人への土地付与、給与未払い兵士への土地給付という意味が与えられ、正当化された。クロムウェルの征服に続いたのは、カトリックからの土地収奪だった。アイルランドを構成する全三二州のうち二五州で、カトリ

▼**アイルランド土地処分法**　カトリック教徒やカトリック同盟への参加者、国王支持者の土地を没収することを定めた一六五二年八月の法律。

▼**償還法**　アイルランド反乱鎮圧のために出資した者や給与未払い兵士への債務を、没収した土地で支払うことを定めた一六五三年九月の法律。

ックからの土地収奪、西部地方への移住や亡命、ときには西インド諸島への流刑がおこなわれた。

一六五二年八月のアイルランド土地処分法▲と翌年九月の償還法▲によって、アイルランド反乱に参加した者やカトリック地主の土地が大量に没収され、ロンドン商人やプロテスタント地主の手にわたった。アイルランドの土地の実に四〇%が、アイルランド人からイングランド出身のプロテスタントの手に移動したことが知られる。土地を手にしたのは、約一万二〇〇〇人のブリテン島出身の兵士とジェントリ・法律家・商人からなる数百人の投機者であった。投機者とは、一六四一年のアイルランド反乱にさいして、軍隊派遣に出資した人びとで、大半は不在地主となった。こうして、事実上アイルランドの植民地化が進行したのである。

クロムウェルの軍隊は、アイルランドに続いて、一六五〇年八月からスコットランドに侵入した。彼らは、第二次内戦で国王側に転じたスコットランド軍を、九月のダンバーの戦いで撃破した。しかし、スコットランドは国王の遺児チャールズ二世を擁しており、彼に率いられた軍隊は、翌年イングランドへ南下してきた。これにたいしてクロムウェルは、一六五一年九月のウースターの戦いで決定的な勝利をおさめ、チャールズ二世はフランスへ亡命した。この戦いによって長らく続いた内戦は、ようやく終結した。

クロムウェルの征服は、アイルランドと同じく、スコットランドでも大きな変化をもたらした。すでにスコットランドでは、契約派によって一六三八年から諸改革がなされていたが、征服前後の政策は、国王派の力を弱めることをねらいとしており、契約派の改革方針を基本的に引き継ぐものだった。まず国王派に加担した者を追放する一六四九年の等級法によって、貴族の八〇％以上の者と、レルドの六〇％以上の者が公職から追放された。その結果、一院制のスコットランド議会では、貴族の力が急速に低下し、都市代表の発言権が強まり、生活習慣の改革をめざす一連の法案が議会を通過した。また貴族とレルドがもっていた聖職者の推挙権も、議会によって廃止され、彼らの影響力は削減された。スコットランド議会の改革は、一六五一年までにかぎられたが、多人な成果をもたらしたといえる。

▼指名議会　一六五三年七月に開会された急進的な議会で、第五王国派と呼ばれる千年王国論者を多数含み、法改革や財政改革、十分の一税廃止といった諸改革に着手した。しかし、議会内の穏健派がクロムウェルと手を結び、一六五三年十二月に解散された。

複合国家体制の形成

アイルランドとスコットランドの征服をへて、一六五一年十月には、イングランドとスコットランドの合併が宣言された。一六五三年七月の指名議会▲では、イングランドとウェールズ一三三名にたいして、スコットランドに五名、アイルランドに六名の議席が与えられた。さらに同年十二月の議員定数でも、イングランドとウェールズがあわせて四〇〇名であったのにたいして、スコットランドとアイルランドには三〇名ずつの議席が配分された。当時の議席は「国家の地理的な範囲を明示するという役割」をもっており、共和政期に、イングランドを中心にスコットランド、アイルランドを統合しようとする動きがふたたびみられた。イングランドとスコットランドの合同は、一六五四年四月に条令化された。合同が達成されると、国旗や国家表象にも変化があらわれた。クロムウェルがプロテクター（護民官）として用いた紋章の四分画には、ふたたびイングランド、スコットランド、アイルランドの三国が組み込まれた。イングランドの再建をめざした人びとは、アイルランドとスコットランドの征服をへて、もう一度ブリテンの複合国家形成と向き合う必要に迫られたのである。

プロテクター・クロムウェルの紋章と旗　右上がスコットランドを、左下がアイルランドを示す。

いまやブリテン諸島には、一人の主権者と一つの議会が、イングランドとアイルランドとスコットランドにウェールズを加えた四国民を統治するという複合国家が姿をあらわした。ただ、行政機関の国務会議だけは、アイルランドとスコットランドにも設置された。ピューリタン革命期に誕生した体制は、テューダー期や初期ステュアート期に存在した複合国家と比べ、つぎのような顕著な特色をもっている。それは、第一に、国王以外の主権者（やがてはクロムウェルが就任）をいただいたことにより、複合君主国ではなく複合国家というかたちをとったことである。第二の特色は、国王の専制的支配ではなく、議会の力によって複合国家を実現しようとしたことである。第三の特色は、国王の宗教である国教会を強制するのではなく、プロテスタントを基調とする複数の教派を容認したことである。ただしカトリックを信仰する者は公職から追放されたので、カトリックを多数かかえるアイルランドにとって、この体制は差別的であった。そうした複合国家体制は、まぎれもなくピューリタン革命の成果を反映しており、一六五四年から五九年というかぎられた期間ではあるが、ブリテン史上では特筆すべきものとなった。以後の歴史では、第一の特色はさておき、

ウェールズへのピューリタニズムの浸透（一六三五年以降）

第二の議会重視と第三のプロテスタント主義という特色が継承される。二つの特色は、名誉革命期にも引き継がれ、一七〇七年のイングランド・スコットランド合同においても基本的に踏襲されたのである。その意味で、ピューリタン革命期の複合国家体制は、これ以後の出発点として重要な転機になったといえるだろう。

ウェールズへの福音宣教

複合国家の形成と並んで、イングランドにより近い異国でも、大きな変化があらわれた。ウェールズは、海をはさんでアイルランドに接しており、その地の反乱の影響を受けやすく、反乱鎮圧の軍隊が出撃する基地でもあった。しかもウェールズには、十六世紀以来、国王権力が深く浸透しており、ピューリタン革命の初期には国王派の牙城であった。こうしたウェールズを改革して、国王やカトリックの影響を一掃しようとする計画が、一六五〇年ころから動き出した。一六四八年末に成立したランプ議会は、五〇年二月に「ウェールズへの福音のより良き宣教と説教のための法」を成立させ、福音宣教に着手した。宣教は、ウェールズだけでなく、北部イングランドでもおこなわれたが、ウェールズへの宣教は、ウェールズの出身者と関係者が多数参加して、ほぼ三年にわたってウェールズの宗教と文化を組織的に変えたという点で重要な意味をもっている。この福音宣教の法は、財政的な支えをえるために、ウェールズで国王派に加担した者の所領を差し押さえ、南部と北部それぞれで彼らに賠償金を課した前年成立の二つの法と対になっていた。

福音宣教の基本的骨格は、クロムウェルの信任あつい独立派聖職者ヒュー・ピーター（七三頁参照）が立案したといわれる。ウェールズの福音宣教は、軍士官トマス・ハリソン▲を長とする七一名の委員と二五名の聖職認可者を中心に進められた。聖職認可者のうち、ウェールズ出身の聖職者ヴァヴァサ・パウエル▲は、各地で説教師を務め、とりわけ福音宣教に熱心だったことが知られる。

しかし、政治状況が変化するなか、ランプ議会じたいが改革への情熱を失ってしまい、ウェールズ福音宣教の法は一六五三年四月に廃止された。パウエルたち現場の人間にとっては、道なかばでの宣教中止だったと思われる。福音宣教の評価は、その成果を高く見積もる者から否定的にとらえる者まで、さまざ

▼トマス・ハリソン（一六一六〜六〇）　ピューリタン革命期の議会軍の指導者。低い階層の出身であったが、内戦勃発後、議会軍に身を投じ活躍し、チャールズ一世の死刑判決文に署名した「国王殺し」の一人となった。一六五〇年代には第五王国派（七〇頁参照）の指導者となるが、王政復古にさいして国王処刑に関与した罪に問われ処刑された。

▼ヴァヴァサ・パウエル（一六一七〜七〇）　ウェールズの居酒屋主人の子で、オクスフォード大学を中退し、革命前にピューリタンとなり、革命期には独立派の説教師としてウェールズやロンドンで活動、一六五〇年以降はウェールズの福音宣教のために尽力した。この時期に第五王国派の指導者となった。

まであるが、ウェールズが国王派と国教会の牙城という保守的な状態から脱したことは確実である。宣教の結果、ウェールズでも、プロテスタント複数主義の種がまかれた。独立派だけでなく、第五王国派やバプテスト派、クェイカー派といったピューリタンの急進派がウェールズに根をおろすことになった。その背後では、革命中に国王派についた大ジェントリの力が弱まり、議会派を支持した中小ジェントリが台頭するというできごともみられたのである。

指名議会とプロテクター政権

このようにしてブリテン諸島では、複合国家形成の道がみえ、ウェールズでも宣教活動が続いた。しかし、当のイングランドでは、紆余曲折の過程をむかえる。先述のように、一六五三年四月、ランプ議会は、クロムウェルと軍隊の手によって解散され、同年七月、より急進的な指名議会が開会された(議席数は六四頁参照)。この議会は、選挙によらないで、軍隊と教会の推薦によって議員を選出した変則的で実験的な議会であった。クロムウェルは、議会開催に先だって、議員への期待感と千年王国的な信念を込めてつぎのように演説した。

●――ランプ議会の解散(一六五三年四月)

●――指名議会(一六五三年七月)

「実際あなたがたは、神とともに、神のために支配するよう、神によって召されたのである。……イエス・キリストは、今日あなたがたの召集によって認められた。あなたがたは、神のために出席しようとする意欲によって神を認めた。あなたがたは、貧しき被造物のなしうるかぎり、今日がキリストの力のあらわれる日であることを明らかにしたのである」。

　事実、指名議会には、軍士官トマス・ハリソンをはじめとする一群の千年王国論者（第五王国派▲）が含まれていた。指名議会は、法改革や財政改革、十分の一税▲廃止などさまざまな改革に着手した。しかし、急進的な改革案に驚いた議会内の穏健派は、クロムウェルと手を結び、指名議会は、同年十二月、さしたる成果をあげないまま解散された。かわって登場するのが、プロテクター政権▲である。クロムウェルは、軍幹部の用意した成文憲法「統治章典」に従ってプロテクター（護民官）という地位についた。プロテクターは、従来いわれるようにイングランドの国益を護るだけでなく、スコットランド、アイルランド、植民地やヨーロッパのプロテスタント保護をも目的とした官職であった。「統治章典」によれば、プロテクターと議会が「イングランド、スコットランド、ア

▼第五王国派　ピューリタン革命の後半に、「キリストの王国」建設をめざし、千年王国論を唱えた政治的・宗教的グループ。第五王国とは、「キリストの王国」がバビロニア、ペルシア、ギリシア、ローマに続く第五の王国と定められたことに由来する。一六五三年七月に開会された指名議会で、一時有力となったが、五四年ころから勢力を失い、政府からも弾圧された。

▼十分の一税　収入の十分の一を納付する税制であるが、一般には「教会十分の一税」を意味する。その起源は聖書に求められ、旧約聖書では、神への十分の一税納付を命じている。カトリック教会では、六世紀ころから信徒に納付を要求し、宗教改革後も、イングランド国教会など多数の教会で存続した。ピューリタン革命期には、一部のピューリタンや平等派などが十分の一税廃止を唱え、指名議会は、改革の一環として、その廃止を試みた。

イルランドおよび植民地からなる共和国の最高の立法権」をもつと定められており、共和政の実験は、理念上なお存続していた。

　ところが、現実のプロテクター政権がおかれた地位は大変厳しいものであった。指名議会から追われた第五王国派は、公然たる批判勢力となって、クロムウェルを攻撃した。また平等派の残党やクェイカー派など宗教的セクトの活動も政府にとっては脅威であった。これらに加えて、一六五五年三月には国王派が蜂起して、鎮圧された。この状況に直面して、クロムウェルの政府は、同年八月、全国を一一の軍管区に分けて軍政官制を敷き、軍事独裁色を強めていった。他方、議会はプロテクター政権下で保守化し、君主政に復帰することによって事態を乗り切ろうとした。一六五七年三月、議会は、ロンドン商人らが作成した「謙虚な請願と提案」によって、クロムウェルを王位につけようとした。王冠を拒否したクロムウェルは、再度プロテクター職についたものの、一六五八年九月、病気により帰らぬ人となった。

　オリヴァの息子リチャード・クロムウェル▲は、父のあとを継いでプロテクターに就任したが、もはや混乱した状態を収拾することはできなかった。一六五

▼プロテクター政権　ピューリタン革命の後半に登場した軍事独裁政権。一六五三年十二月に指名議会が解散され、オリヴァ・クロムウェルが成文憲法「統治章典」に従ってプロテクターという地位につき、発足した。一六五八年にオリヴァが亡くなり、息子のリチャード・クロムウェルがあとを継ぐが、政局の混乱はおさまらず、五九年に崩壊した。

▼リチャード・クロムウェル（一六二六〜一七一二）　オリヴァ・クロムウェルの三男で、父の死後、一六五八年にプロテクターに就任したが、混乱した状態を収拾することはできず、五九年五月に辞任した。王政復古にさいしては亡命し、一六八〇年ころに帰国した。

九年五月、リチャードがプロテクター職を退き、プロテクター政権はあえなく崩壊した。事態は、時計の針を逆回しするように進んでいった。同年五月、ランプ議会が再召集され、一六六〇年二月には、スコットランド軍司令官ジョージ・マンク▲によって長期議会が再開された。翌月には長期議会も解散され、四月に仮議会が召集され、貴族院も復活した。地方社会のジェントリとロンドン商人の多くは、この動きに協力した。ステュアート朝の王政復古への道が開かれていったのである。

思想と社会はどうなったのか？

さて、これまで検討したピューリタン革命は、近代思想や近代社会の成立にとって、どのような意味をもっただろうか。思想史的にみるならば、「セクト」による分離教会の設立や平等派による人民主権論の主張は、信教の自由や政治的自由の基礎をつくりあげ、近代民主主義につながる要素をもっていた。しかし、革命の中心部にいた独立派の聖職者や政治家の思想は、単純に近代思想とは直結できないものがある。彼らは、排外的な反カトリック意識を表明し、

▼ジョージ・マンク（一六〇八〜七〇）ピューリタン革命の当初、国王軍を率いていたが、やがて議会側に転じ、スコットランド征圧によりクロムウェルの信任をえて、スコットランド軍司令官となった。しかし、プロテクター政権崩壊後の混乱に乗じて兵を率いて南下し、王政復古への道を開いた。

▼ヒュー・ピーター（一五九八〜一六六〇）　クロムウェルの信任あつい独立派聖職者。ケンブリッジ大学出身で、一六二九年に国教会を批判してオランダに亡命し、さらにアメリカ大陸にわたり、ハーヴァード大学の設立にも貢献した。一六四一年に植民地の使節として帰国したが、内戦に参加し、有能な従軍牧師として活躍し、四九年の国王処刑にさいしては積極的な役割をはたし、ウェールズ福音宣教の計画にもかかわった。王政復古後には、国王処刑に関与した罪に問われ処刑された。

「反キリスト」を敵視する千年王国論を説いて、内戦の遂行に寄与し、「神に選ばれた民」からなる共和国を建設しようとした。その代表が、前述したヒュー・ピーター▲である。彼は、一六二〇年代末からオランダとニューイングランドに亡命し、四一年に帰国すると、クロムウェルに随行しながら、イングランドの戦場からアイルランドやウェールズにいたるまで駆けめぐり、千年王国論的な説教によって議会派兵士の士気を鼓舞したのであった。

国王処刑以後、独立派のなかからプロテクター政権を支持しない「共和派」と呼ばれる人びとが登場する。そこには、クロムウェルのラテン語秘書官を務めたジョン・ミルトン▲、唯物論者として知られるジェイムズ・ハリントン▲らが含まれていた。『失楽園』（一六六七年）によって知られる詩人ミルトンは、社会契約論と人民主権論を唱えた革命の支持者でもあった。だが彼は、民衆を担い手とする民主主義には否定的であり、有識者からなる「賢人支配」を追求した。ハリントンは、ミルトンほど積極的に革命へ参加しなかったけれども、共和政の熱心な擁護者であった。彼は、『オシアナ共和国』（一六五六年）において内戦の原因を上部構造（国家形態）と土台（土地所有）の不均衡に求め、均衡を回復す

▼ジョン・ミルトン（一六〇八〜七四）　イングランドの思想家、詩人。ピューリタン革命期に教会改革論や言論の自由を唱え、さらにクロムウェルのラテン語秘書官を務め、革命の擁護者となった。過労で失明するが、王政復古後は詩作に没頭し、叙事詩『失楽園』を完成させた。写真はミルトン『イングランド人民弁護論』（一六五一年）。表紙には共和国の国旗が掲げられた。

▼ジェイムズ・ハリントン（一六一一〜七七）　イングランドの思想家。一六三一年から大陸ヨーロッパを周遊し、共和政の信奉者となった。主著は『オシアナ共和国』。

るために、中小農民ではなく地主層を基盤に土地所有を確立しながら、イングランドだけでなく、スコットランドやアイルランドでも共和政を実現しようとした。このようにミルトン、ハリントンの思想は、力点の違いをもっていたが、一般民衆を主体にした民主主義という点からみれば、いずれも時代の制約を受けていたといわざるをえない。彼ら以外で注目に値するのは、近代的な主権概念を提唱した思想家トマス・ホッブズ▲である。彼は、『リヴァイアサン』(一六五一年)において原子的な人間観から出発し、社会契約によって国家が形成される過程を説明し、国家主権の絶対性を説いた。彼は、革命期の前半フランスに亡命しており、決して「革命の思想家」とはいえないが、「思想史上の革命」を達成したと評価され、のちのジョン・ロック▲につながる流れを準備した。

　思想の場合とはニュアンスが違うが、ピューリタン革命は、イングランドにおいて近代的な社会をもたらしたとはいいがたいものである。もちろん一六四六年二月の後見裁判所廃止などは、重層的な封建的土地所有関係にかかわる近代的な私的所有権への道を開いたと考えられる。しかし、現実には一六四三年ころから没収された国王派の土地が、新興の農業経営者の手にわたることは少な

▼トマス・ホッブズ（一五八八〜一六七九）　近代的な主権概念を提唱したイングランドの思想家。貴族の家庭教師として大陸ヨーロッパに旅し、デカルトなどと交友関係をもった。ピューリタン革命期にはフランスへ亡命し、主著『リヴァイアサン』を執筆した。

▼ジョン・ロック（一六三二〜一七〇四）　近代的な政治思想や経験論哲学を提唱したイングランドの思想家。オクスフォード大学で哲学、医学、自然科学を学び、王政復古期に反国王勢力のシャフツベリー伯の侍医となるが、政治的迫害の恐れが生じ、一六八三年にオランダへ亡命。名誉革命期に帰国した。一六八九年の『人間悟性論』によって経験論哲学の基礎を確立し、同年の『統治二論』によって自然権思想と社会契約論に立脚しながら王権神授説を批判した。自然権をもつ諸個人が相互に契約を結び、政府を形成すること、市民の信託が政府によって裏切られることがあれば、市民は政府に抵抗し統治者を交代させる権利をもつことを主張した。

く、ましてや中小農民が土地を取得することはまれであった。また革命期にも農業改良や農村工業などが進展していたが、革命政府はギルドによる独占的な産業統制を根底から変えることはなかった。

だが、目をスコットランドやアイルランドに転じると、印象が変わってくる。スコットランドでは、前述したように契約派の改革に始まり、クロムウェルの征服後も、大きな社会変化が進行した。アイルランドでは、カトリック同盟による自立的な政権構想が挫折したのち、カトリック地主の大量の土地がプロテスタントの手にわたるという前代未聞のできごとが起こり、これ以後も、十九世紀初頭までカトリック差別の方針が貫かれた。このできごとは、アイルランド史からみれば、自立の芽が摘み取られたものであるが、ブリテン史の視点に立つと、複合国家内が同質的になる変化の過程であった。スコットランドでも、アイルランドでも大きな社会変化が進展したのである。ウェールズでも、事情は同じで、福音宣教によって少なからぬ変化が生じた。さらに想起すべきは、イングランド、スコットランド、アイルランドにまたがる複合国家が形成されたことである。一六四二年の段階で、初期ステュアート期の複合国家が解体の危機に瀕していたことを考えると、わずか一二年ほどのあいだにはかり知れない変貌をとげたといえるだろう。

最後に、ピューリタン革命は、海外市場や植民地の獲得にとっても画期となった。クロムウェルは、本来プロテスタントの同盟国との争いを望んでいなかったが、一六五一年十月の航海法▲はロンドン商人らによって支持された。この法は、イングランドと植民地の貿易を直結し、イングランドとヨーロッパ諸国の貿易でもオランダの中継貿易を排除して、翌年から始まった英蘭戦争▲の原因となった。一六五四年四月にオランダとの平和条約が締結されると、クロムウェルは、宿敵スペインへの攻撃を開始し、翌年五月にはジャマイカを占領し、英西戦争▲へと発展した。ジャマイカを中心にしたカリブ海植民地には、移民が入植し、黒人奴隷制も導入され、砂糖プランテーションが発達した。革命期には、オランダやスペインと対抗して、製品市場を拡大し、原料・食料供給地を獲得することに成功しており、その意味で革命はのちの商業革命や植民地帝国建設に貢献したといえるだろう。

▼航海法　広くは重商主義政策の一環として、海運・商業・生産などの保護のため本国と植民地間の海運の規制を総称した法律であるが、ここでは一六五一年十月の法律を意味する。この法は、本国と植民地間の海運をイングランド船に限定し、イングランドとヨーロッパ諸国の貿易でもオランダの中継貿易を排除したので、翌年から始まる英蘭戦争の原因となった。

▼英蘭戦争　十七世紀後半、世界商業の覇権をめぐってイングランドとオランダが三度にわたって争った戦争。その最初の戦争は、航海法にたいするオランダの反発によって一六五二年五月に始まり、五四年四月の平和条約で終結した。

▼英西戦争　クロムウェルは、カトリック国スペインを「生まれながらの敵」と考え、英蘭戦争終結後、一六五五年年五月にスペイン領ジャマイカを占領し、英西戦争へ発展した。

⑤―名誉革命と複合国家体制の確立

ピューリタン革命の三つの顔

これまで、イングランド一国史観からの脱却をめざし、十六・十七世紀の歴史をイングランド、スコットランド、アイルランド、ウェールズという四国の相互関係からとらえなおし、十七世紀中葉のできごとに「ピューリタン革命」という言葉をあて、この革命を複合国家体制が形成される重要な転換点としてみてきた。そこで明らかになったことを、まとめておこう。ポイントは三つあり、それぞれ「三王国戦争」「ピューリタン革命」「ブリテン革命」という名称を用いることができる。

第一に、本書は、十六・十七世紀の歴史を四国の相互関係から検討してみた。その結果、十七世紀中葉のできごとは「三王国戦争」(あるいは「四国戦争」)という性格をもっていることがわかった。各国は、十六世紀以来、相互作用を繰り返してきたが、とくに十七世紀には、その傾向が顕著だった。十七世紀初頭にジェイムズ一世が中心となり、イングランドとスコットランドが共同で進めたアルスター植民は、ゲール系の人びとから土地を収奪して進められた。この植民は、一六四一年のアルスター反乱の原因の一つをつくり出したと考えられる。チャールズ一世の国教会強制と専制支配は、アイルランドだけでなくスコットランドにもおよんで、契約派の抵抗運動を引き起こす結果となった。契約派は、一六四〇年代になるとイングランド・スコットランド・アイルランドの三国を対象とした教会合同案を提示した。スコットランドは、受身であるだけでなく、積極的に合同問題で発言したのである。他方、アイルランドでは、チャールズ一世の専制支配が、反乱をまねいた。アイルランドの反乱は、その情報が誇張されてイングランドやウェールズに伝わり、「カトリックの脅威」と受け止められ、反カトリック意識を助長した。イングランドの議会派は、カトリックの脅威を利用し、国王派とカトリックの繋がりを示唆することによって、内戦を有利に進めることができた。またウェールズは、アイルランドと隣接し、その影響を受けやすいので、福音宣教によるプロテスタント化が積極的に推進されたともいえるだろう。このように十七世紀中葉に起きたできごとは、一国では完結せず、相互に連関し、ある国の事件が他国に波及するという性格をもっていた。その意味で、「三王国戦争」と呼べるのである。

第二に、十七世紀中葉の事件は、戦争や内戦というだけでなく、「革命」と呼べるものだった。この事件は、フランス革命のように「ブルジョア」を担い手としたり、近代的思想を原動力としなかったが、宗教問題を契機とし、四国ともに大きな変化を経験し、広い意味で「ピューリタン革命」と呼べる内容をともなっていた。イングランドでは、国教会と国王の専制的支配にたいして、ピューリタンと議会に結集した人びとが立ち上がり、一六四二年から内戦となり、国王派が打倒され、国王が処刑され、独立派をはじめとする人びとが政権を掌握するにいたった。スコットランドでも、国王の国教会強制にたいして、一六三八年から契約派の改革が始まり、長老教会体制が有力となり、クロムウェルの征服後も、それは存続することになった。アイルランドでは、イングランドの過酷な支配にたいして、一六四一年からアルスターで開始された反乱が、カトリック擁護を掲げるカトリック同盟をもたらし、さながら臨時政府のような活動をくりひろげた。しかし、一六四九年のクロムウェルの征服によって、多くのカトリック地主が追放され、プロテスタント信仰が押し付けられた。がんらい、国教会と国王の影響力が強かったウェールズでは、内戦時に国王派に傾斜したことへの反発もあって、一六五〇年から福音宣教の運動が展開し、プロテスタント複数主義が定着することになった。これらの過程をみると、イングランドでも、それ以外の三国でも、ピューリタンの多大な影響を受けて、過去との断絶をともなう事件が進行し、結果としてプロテスタント複数主義が浸透したことがわかる。この時期にカトリックが認められることはなかったけれども、ピューリタンを中心としたプロテスタント諸派が、かなりの自由をえたことは注目すべきであろう。その意味で、十七世紀中葉のできごとは、過大な評価はできないが、「ピューリタン革命」と呼ぶにふさわしいのである。

第三に、ピューリタン革命は、イングランドを中心とした複合国家体制を樹立したという意味で、「ブリテン革命」という性格をも有していた。これ以前にも、イングランドを中心とした複合国家の出現はあったが、それらは、一人の国王と複数の議会によって、ブリテン諸島の多様な人びとを支配することが多く、統合力の弱いものであった。そうした体制は、初期ステュアート期のように、国王が権力をもって国教会を押し付けると、たちまち解体の危機に瀕するという不安定なものだった。しかし、アイルランドとスコットランドの征服後に、クロムウェルらによってつくられた複合国家体制は、主権者が国土ではなく、一元化した議会によって統治されるという点で画期的な試みであり、過去との断絶を示していた。この複合国家は、議会重視とプロテスタント複数主義という従来にない特色を備えていた。二つの特色は、以下で述べるように、一七〇七年のイングランドとスコットランドの合同でも、基本的に継承されたのである。

ピューリタン革命は、このように三つの顔をもっていた。どの顔も重要であることに変わりはないが、その後の思想や社会経済の発展にとっては、第二と第三の点が、とくにポイントとなるだろう。そのため、王政復古から名誉革命の歴史を最後に展望して、本書の結びにかえておきたい。

王政復古から名誉革命へ

一六六〇年五月、チャールズ二世は、歓喜の声にむかえられて亡命先からロンドンに帰ってきた。これによって一七一四年まで続く後期ステュアート朝が開始された。王政復古によって、革命期に複合国家を構成したスコットランドとアイルランドは、別個の議会をもつ独立国となった。複合国家は、ふたたび解体の危機に直面するのである。だが王政復古は、まったく革命前の状態に復帰するものではなかった。チャールズ二世は、一六六〇年四月に革命関係者の大赦、信仰の自由、革命中の土地移動の承認、軍隊への未払い給与の保証という四点からなるブレダ宣言▲を発表してから帰国した。この宣言は、復古劇の立役者エドワード・ハイドによって起草され、仮議会によって受諾された。国王とハイドは、貴族院と庶民院からなるイングランド議会の伝統を尊重しており、革命初期に達成された長期議会の諸改革も、ほぼ継承された。国王が専制的な姿勢をとり、カトリックの擁護を試みると、議会は、一六七三年に審査法▲を制定して公職につく者を国教徒に限定し、一六七九年の人身保護法▲によって市民的自由を保障した。一六七〇年代には、議会主権を唱えるホイッグ派と国王の権威を重んじるトーリ派▲が誕生して、今日の政党の起源となった。

ところが、一六八五年に即位したジェイムズ二世は、国王大権を強化し、公然とカトリック化政策を進めた。これにたいして、ホイッグ派のみならず、ト

▼ブレダ宣言　チャールズ二世が一六六〇年四月に、オランダのブレダで発表した声明。ピューリタン革命の関係者の大赦、信仰の自由、革命中の土地移動の承認、軍隊への未払い給与の保証という四点からなる。

▼審査法　一六七三年に議会が制定した法律で、文武の官職保有者にイングランド国教会の聖餐(せいさん)を受けることや国王への忠誠の誓約を強制した。これによってカトリック教徒だけでなく、ピューリタンの非国教徒も公職につくことができなくなり、一八二八年の廃止まで宗教的差別が続いた。

▼人身保護法　一六七九年の法律で、恣意(しい)的な逮捕や長期間の投獄を防ぎ、市民的自由を保障した。

▼ホイッグ派とトーリ派　両派は、カトリック教徒のヨーク公(のちのジェイムズ二世)を王位継承から排除しようとする排斥法危機のなかで一六七〇年代末に誕生した。十九世紀になると、前者は自由党、後者は保守党と呼ばれるにいたった。

ーリ派や国教会聖職者も離反し、両派の代表者は、国王の長女メアリとその夫のオランダ総督オレンジ公ウィレムに向けて招請状を送った。一六八八年、軍隊を率いたウィレムは、プロテスタントの擁護者として上陸したが、ジェイムズ二世は戦わずしてフランスに亡命した。翌年、仮議会は「権利の宣言」▲を作成し、これをウィレムとメアリは受け入れ、ウィリアム三世とメアリ二世として共同即位した。仮議会は正式の議会となり、寛容法と「権利の章典」▲を制定し、議会主権を保証する立憲君主政が樹立された。一六八八〜八九年の革命は、大きな武力衝突をともなわなかったことから、「名誉革命」といわれ、その後、一〇〇年以上続く名誉革命体制の出発点となった。この体制下で、議会の多数派が内閣を組織する政党政治も徐々に浸透した。

ふたたびのアイルランド征服

名誉革命期には、ヨーロッパやアメリカを結ぶ国際的なネットワークがふたたび機能しはじめ、イングランドはオランダやアメリカから多くの帰国者をむかえることになった。同時にヨーロッパのプロテスタント勢力も、オランダか

▼**「権利の宣言」**　一六八九年二月に仮議会が作成した宣言。

▼**寛容法と「権利の章典」**　一六八九年二月のウィリアム三世とメアリ二世の即位後、仮議会は正式の議会となり、同年五月に前者を十二月に後者を制定した。寛容法はピューリタンの非国教徒に信仰の自由を認めた法律。「権利の章典」は「権利の宣言」をもとに立法・課税・軍事・言論の自由・王位継承にかんして議会主権を明示した法律で、立憲君主政の原則を樹立した。

共同即位したウィリアム三世とメアリ二世

▼**ルイ十四世**（一六三八〜一七一五）
フランス王（在位一六四三〜一七一五）。「太陽王」とも呼ばれ、絶対君主の典型とされる。母と宰相マザランから国王教育を受け、一六六一年から親政を開始。集権化に努める一方で、一六八五年にはナントの勅令を廃止してユグノーを迫害した。治世の大半で、対外戦争をおこなっていた。

ら新国王をむかえたイングランドが、プロテスタント同盟の中心となることを期待した。オランダとイングランドは、名誉革命によって、議会を重視し、プロテスタントを擁護するという特色を共有し、「同君連合」となった。こうした背景のなか、イングランドは、隣接するカトリック国アイルランドの再征服に着手する一方で、スペイン、オーストリアなどハプスブルク勢力の衰退後、最大の敵国となったフランスと永続的な戦争状態にはいることになった。

アイルランドは、イングランドの名誉革命にたいする抵抗の場となった。一六八九年三月、ジェイムズ二世は、ルイ十四世▲から提供されたフランス軍を率いてアイルランドに上陸した。カトリック系のアイルランド人は、彼の到来をイングランドにたいする抵抗の好機ととらえ、フランス軍と協力して、民族解放かつ反革命の戦いを開始した。この事態を知ったウィリアム三世は、自らアイルランドに進撃することを決意した。彼は、一六九〇年七月のボイン川の戦いでフランス・アイルランド連合軍を破り、ジェイムズはふたたびフランスへ脱出した。これ以後アイルランドは、プロテスタントのみからなるアイルランド議会によって支配されつつ、イングランドの不在地主によって土地を収奪され、農産物の輸出なども制限されて、ますます植民地化が進展した。

イングランドとスコットランドの合同

ウィリアム三世の死後、一七〇二年にアン女王▲が即位した。彼女の治世中、一七〇七年五月にイングランドとスコットランドは合同して、「グレイト・ブリテン連合王国」が誕生した。この合同は、ピューリタン革命期の複合国家の特色を基本的に継承するものだった。スコットランドは、一六八九年四月にウィリアムとメアリの即位を承認し、王政復古期に強制された国教会の主教制を廃止することに成功した。以後スコットランドは、プロテスタントの長老教会体制をとることになるが、イングランドとの経済的格差は広がる一方であった。そこで両国間に合同の気運が高まり、一七〇六年には議会で貴族院一六名、庶民院四五名の議員定数をふやし、これをスコットランドに割り当てるという合意が成立した。

一七〇七年の合同によってスコットランド議会は消滅し、両国は連合王国となった。この合同は、議会合同というかたちをとり、プロテスタント複数主義

▼**アン女王**（一六六五〜一七一四）ウィリアム三世の死後、即位したステュアート朝最後の君主（在位一七〇二〜一四）。スペイン継承戦争に勝利したほか、一七〇七年にスコットランドと合同し、「グレイト・ブリテン連合王国」を形成した。

を認めたものだった。イングランド側は、プロテスタントであれば、宗派までは問わず、スコットランドは長老教会体制を維持することができた。そのほかに、法と教育という点でも、スコットランドは独自性を保つことができた。合同によってスコットランドは、イングランドの航海法体制に組み込まれ、重商主義的な保護政策に護られた。徐々にではあるが、その商工業は発展し、北米との貿易も伸長した。今や「グレイト・ブリテン」の一部となったスコットランドは、植民地化が進むアイルランドとはまったく別の方向を歩むことになったのである。

複合国家から連邦制へ

こうしてイングランドを中心とする複合国家は、「連合王国」として確立した。十八世紀以降、イングランドとスコットランドでは、資本主義の発達や近代思想の展開を経験し、対外戦争に勝利した連合王国は、ヨーロッパを代表する強国となった。この時点で両国は、十七世紀の危機を克服したといえるだろう。連合王国は、その後、一八〇一年にアイルランドを加えたものの、二十世紀にはアイルランド自由国が成立し、北アイルランドだけが残って現在にいたっている。北アイルランドでは、厳しいカトリック差別がみられ、プロテスタント主義の弊害が存続した。その意味で、十七世紀中葉の複合国家の特色は、現在にいたるまで暗い影を落としたのである。

複合国家やそれに類するシステムは、ブリテン諸島にかぎらず、今日では世界各地でみることができる。例えば、一七七六年に独立し、八九年に憲法を制定したアメリカ合衆国は、連邦制というかたちで複合国家のシステムを受け継いでいる。英米系以外でも、スイス連邦やロシア連邦などが連邦制国家を形成している。そうした国は現在多数あり、フランスや日本に代表される国民国家とは異なる国家類型として、連邦制は位置づけられるだろう。また欧州連合(EU)も、欧州理事会や欧州議会などの中央機関と加盟各国の関係をみていると、複合国家に近い体制をとっている。こうした事例から考えると、ピューリタン革命期に形成された複合国家体制は、意外にも現代的意義を有するシステムといえるかもしれない。

参考文献

青山吉信編『世界歴史大系　イギリス史1』山川出版社　一九九一年

D・アーミテイジ（平田雅博・岩井淳・大西晴樹・井藤早織訳）『帝国の誕生――ブリテン帝国のイデオロギー的起源』日本経済評論社　二〇〇五年

飯島啓二『ノックスとスコットランド宗教改革』日本基督教団出版局　一九七六年

今井宏『イギリス革命の政治過程』未来社　一九八四年

今井宏『クロムウェルとピューリタン革命』清水書院　一九八四年

今井宏編『世界歴史大系　イギリス史2』山川出版社　一九九〇年

岩井淳『千年王国を夢みた革命――十七世紀英米のピューリタン』（講談社選書メチエ）講談社　一九九五年

岩井淳・指昭博編『イギリス史の新潮流――修正主義の近世史』彩流社　二〇〇〇年

岩井淳「「ブリテン帝国」の成立」『歴史学研究』七七六号　二〇〇三年六月

岩井淳・大西晴樹編『イギリス革命論の軌跡――ヒルとトレヴァ゠ローパー』蒼天社出版　二〇〇五年

大澤麦・渋谷浩訳『デモクラシーにおける討論の生誕――ピューリタン革命におけるパトニー討論』聖学院大学出版会　一九九九年

大西晴樹『イギリス革命のセクト運動』御茶の水書房　一九九五年（増補版二〇〇〇年）

小野功生・大西晴樹編『〈帝国〉化するイギリス――十七世紀の商業社会と文化の諸相』彩流社　二〇〇六年

川北稔『工業化の歴史的前提――帝国とジェントルマン』岩波書店　一九八三年
川北稔『洒落者たちのイギリス史――騎士の国から紳士の国へ』平凡社　一九八六年（文庫版一九九三年）
川北稔編『新版世界各国史11　イギリス史』山川出版社　一九九八年
川北稔・木畑洋一編『イギリスの歴史――帝国＝コモンウェルスのあゆみ』有斐閣　二〇〇〇年
川北稔編『結社のイギリス史――クラブから帝国まで』山川出版社　二〇〇五年
R・キレーン（岩井淳・井藤早織訳）『図説スコットランドの歴史』彩流社　二〇〇二年
L・コリー（川北稔監訳）『イギリス国民の誕生』名古屋大学出版会　二〇〇〇年
近藤和彦編『長い十八世紀のイギリス――その政治社会』山川出版社　二〇〇二年
指昭博編『「イギリス」であること――アイデンティティ探求の歴史』刀水書房　一九九九年
渋谷浩『ピューリタニズムの革命思想』御茶の水書房　一九七八年
渋谷浩編訳『自由民への訴え――ピューリタン革命文書選』早稲田大学出版部　一九七八年
田村秀夫編『イギリス革命と千年王国』同文舘出版　一九九〇年
田村秀夫編『クロムウェルとイギリス革命』聖学院大学出版会　一九九九年
土井美徳『イギリス立憲政治の源流――前期ステュアート時代の統治と「古来の国制」論』木鐸社　二〇〇六年
G・ドナルドスン（飯島啓二訳）『スコットランド絶対王政の展開』未来社　一九七二年
友田卓爾『レベラー運動の研究』渓水社　二〇〇〇年
M・トルミー（大西晴樹・浜林正夫訳）『ピューリタン革命の担い手たち――ロンドンの分離教会一六一六～一六四九』ヨ

ルダン社　一九八三年
H・R・トレヴァ＝ローパー他（今井宏編訳）『十七世紀危機論争』（歴史学叢書）創文社　一九七五年
西村裕美『小羊の戦い――十七世紀クェイカー運動の宗教思想』未来社　一九九八年
浜林正夫『イギリス市民革命史』未来社　一九五九年（増補版一九七一年）
浜林正夫『イギリス革命の思想構造』未来社　一九六六年
浜林正夫『イギリス名誉革命史』上・下　未来社　一九八一・八三年
ジョン・モリル（富田理恵訳）「一七世紀ブリテンの革命再考」、同著（後藤はる美訳）「ブリテンの複合君主制　一五〇〇―一七〇〇年」『思想』九六四号　二〇〇四年八月
八代崇『イギリス宗教改革史研究』創文社　一九七九年
山田園子『イギリス革命の宗教思想――ジョン・グッドウィン研究』御茶の水書房　一九九四年
山本隆基『レヴェラーズ政治思想の研究』法律文化社　一九八六年
山本正『「王国」と「植民地」――近世イギリス帝国のなかのアイルランド』思文閣出版　二〇〇二年
R・C・リチャードソン（今井宏訳）『イギリス革命論争史』刀水書房　一九七九年
Bradshaw, Brendan and John Morrill(eds.), *The British Problem c.1534–1707*, Basingstoke, Palgrave Macmillan, 1996.
Bradshaw, B. and P. R. Roberts(eds.), *British Consciousness and Identity*, Cambridge, Cambridge University Press, 1998.
Ellis, S.G. and S. Barber(eds.), *Conquest and Union: Fashioning a British State,1485–1725* , London, Longman, 1995.
Grant, A. and K. Stringer(eds.), *Uniting the Kingdom?: The Making of British History*, London, Routledge, 1995.

図版出典一覧

M. Ashley, *The English Civil War*, London, 1974	36, 39, 40, 41, 43, 48
T. N. Corns(ed.), *The Royal Image*, Cambridge, 1999	35
G. Davies, *A Light in the Land*, Bryntirion, 2002	19
R. Killeen, *A Short History of Scotland*, Dublin, 1998	16, 25上, 50, 51, 85
J. Morrill(ed.), *The Impact of the English Civil War*, London, 1991	46
J. Morrill(ed.), *Revolution and Restoration*, London, 1992	69, 73
D. Norbrook, *Writing the English Republic*, Cambridge, 1999	扉
L. G. Schwoerer(ed.), *The Revolution of 1688–89*, Cambridge, 1992	83
John Speed, *The Counties of Britain*, London, 1988	25下, カバー裏
ユニフォトプレス	カバー表

世界史リブレット⑮

ピューリタン革命《かくめい》と複合国家《ふくごうこっか》

2010年5月25日　1版1刷発行
2023年1月31日　1版5刷発行

著者：岩井《いわい》　淳《じゅん》

発行者：野澤武史

装幀者：菊地信義

発行所：株式会社 山川出版社

〒101-0047　東京都千代田区内神田1-13-13
電話　03-3293-8131(営業)　8134(編集)
https://www.yamakawa.co.jp/
振替　00120-9-43993

印刷所：明和印刷株式会社

製本所：株式会社 ブロケード

世界史リブレット　第Ⅲ期［全36巻］

〈白ヌキ数字は既刊〉

93 古代エジプト文明――近藤二郎
94 東地中海世界のなかの古代ギリシア――岡田泰介
95 中国王朝の起源を探る――竹内康浩
96 中国道教の展開――横手 裕
97 唐代の国際関係――石見清裕
98 遊牧国家の誕生――林 俊雄
99 モンゴル帝国の覇権と朝鮮半島――森平雅彦
100 ムハンマド時代のアラブ社会――後藤 明
101 イスラーム史のなかの奴隷――清水和裕
102 イスラーム社会の知の伝達――湯川 武
103 スワヒリ都市の盛衰――富永智津子
104 ビザンツの国家と社会――根津由喜夫
105 中世のジェントリと社会――新井由紀夫
106 イタリアの中世都市――亀長洋子
107 十字軍と地中海世界――太田敬子
108 徽州商人と明清中国――中島楽章
109 イエズス会と中国知識人――岡本さえ
110 朝鮮王朝の国家と財政――六反田豊
111 ムガル帝国時代のインド社会――小名康之
112 オスマン帝国治下のアラブ社会――長谷部史彦
113 バルト海帝国――古谷大輔
114 近世ヨーロッパ――近藤和彦
115 ピューリタン革命と複合国家――岩井 淳
116 産業革命――長谷川貴彦
117 ヨーロッパの家族史――姫岡とし子
118 国境地域からみるヨーロッパ史――西山暁義
119 近代都市とアソシエイション――小関 隆
120 ロシアの近代化の試み――吉田 浩
121 アフリカの植民地化と抵抗運動――岡倉登志
122 メキシコ革命――国本伊代
123 未完のフィリピン革命と植民地化――早瀬晋三
124 二十世紀中国の革命と農村――田原史起
125 ベトナム戦争に抗した人々――油井大三郎
126 イラク戦争と変貌する中東世界――保坂修司
127 グローバル・ヒストリー入門――水島 司
128 世界史における時間――佐藤正幸